KATRIN RICHTER

AF139080

»MEIN DUNKELGRÜNES TAGEBUCH
TRÄGT IMMER NOCH
DIE KRATZSPUREN
VOM OLIVENHOLZSCHREIBTISCH
IN RODAKINO«

Vorbemerkung der Autorin

Lieber Leser, geschätzte Leserin,
auch, wenn dieses Tagebuch meine Gedanken und Gefühle während der
beschriebenen Tage widerspiegelt, so habe ich doch die eine oder andere
Veränderung vorgenommen, die dazu dienen soll, andere Menschen oder
Umstände zu schützen.
Gehen Sie also bitte getrost davon aus, dass ich Personen und ihre Namen
erfunden oder geändert habe und sowieso nie ganz unterscheiden kann,
was ich tatsächlich erlebt habe und was nur in meiner Phantasie
stattfindet. Ähnlichkeiten mit existierenden Leuten (oder auch mit bereits
verstorbenen) sind also rein zufällig und von mir in keiner Weise
beabsichtigt.
Irgend jemanden bloßzustellen, ist und war niemals der Grund, warum ich
Bücher schreibe.

Katrin Richter, im Frühjahr 2015 in Berlin

Die Autorin

Katrin Richter hat – auch unter ihren Namen *Katrin Panier, Katrin
Panier-Richter und Clara Felder* – bisher insgesamt achtzehn lieferbare
Bücher veröffentlicht. Als leidenschaftliche Tagebuchschreiberin und
Spaziergängerin lebt sie seit vielen Jahren in Berlin.

Katrin Richter

Mein dunkelgrünes Tagebuch trägt immer noch die Kratzspuren vom Olivenholzschreibtisch in Rodakino

Tagebuchaufzeichnungen
von meiner ersten Reise nach Kreta im Jahr 2014

Bibliografische Information der Deutschen Nationalbibliothek:
Die Deutsche Nationalbibliothek verzeichnet diese Publikation in der
Deutschen Nationalbibliografie; detaillierte bibliografische Daten sind im
Internet über <http://dnb.d-nb.de> abrufbar.

Impressum

(C) Katrin Richter
1. Auflage, 2015
Titelbild: eigene Grafik
Umschlag, Satz und Layout: Richter, Berlin
Herstellung und Verlag: BoD-Books on Demand, Norderstedt
Printed in Germany

ISBN 978-3-7386-5808-8

Ich nehme MICH überallhin selbst mit

und reise bei offenem Visier.

Katrin Richter

Für Nikos.

Auf geht's – nach Kreta, durch die Luft!
Dieses Hotelzimmer direkt am Terminal ist toll. Man kann durch die geschlossenen Fensterscheiben mit ihrer Vierfachverglasung, nicht zu öffnen, ständig heran fliegende und landende Flugzeuge sehen. Es ist eine nicht abreißende, lange Perlenkette von Maschinen, immer, immer... Ein gutes Training gegen die Flugangst. Man bekommt ein Gefühl dafür, wie viele es sind, und dass es meistens gut geht. Anne wäre begeistert. Sie verbringt ja auch immer noch – wie damals, als Kind – Stunden auf Besucherterrassen und schaut den metallenen Vögeln in nie versiegendem Staunen zu. Hier gibt es auch einen Park für Zaungäste wie uns. Dort picknickten wir gestern Abend auf einer Wiese und riefen das Töchterchen von dort aus an, plauderten ein wenig mit ihr.

Ich bin froh, dass wir schon hier sind. Die Fahrt von Augsburg über Mering, wo mein erster Ehemann jetzt wohnt (ich habe ihn aber nicht gesehen, im Vorüberfahren), nach Pasing und dann mit der S-Bahn zum Airport war doch etwas anstrengender, als ich vermutet hatte. So viele Leute! Viele mit dicken Koffern, so wie wir. Und Bauarbeiten auf der Strecke! Zum Glück hatten wir nach der großen Abschlussveranstaltung des Deutschsprachigen Ländertreffens der Anonymen Alkoholiker noch beim Zurücklaufen vom Messezentrum in den „Fischerstuben" an der Wertach entspannt. Ein richtiges Seelen-Essen mit herrlichst angerichteter Salatvorspeise, verschiedenen Fischsorten und Eis zum Espresso. Die Stärkung brauchten wir dann, um den Ortswechsel vornehmen zu können und zu verkraften.

Mein Hirn schwillt an und will den Schädel sprengen. So viele Eindrücke, Informationen, Bilder, Erinnerungen. All die vielen Menschen, aber auch die abwesenden, die nicht mehr kommen. Gemeinsam mit einer Frau aus Datschiburg, wie er seine Heimatstadt immer nannte, erinnerte ich mich an Walter, den verstorbenen väterlichen Freund. Ein paar Tränchen flossen, endlich. Während der ganzen drei Tage war ich mit Kopfschmerzen durch die Gegend gelaufen. Jetzt scheinen sie endlich nachzulassen.

Auf der Insel der Götter schreibe ich mehr, sicherlich.

Bitte, lass es einen schönen Urlaub werden. Wir brauchen beide Erholung.

Ich lerne viel von Ralf in punkto Furchtlosigkeit und lerne überhaupt auf Reisen. Ich kann spüren, wie sich neue Synapsenverbindungen in meinem Kopf bilden...

Dienstag, 27. Mai 2014 in Rodakino, Kreta, Villa Braou

Aufwachen in einer unfassbaren Idylle mit Ziegengemecker und Vogelgezwitscher. Zwischen zwei Pfirsichbergen (Pfirsich heißt hier Rodakino) der freie Blick zum Meer. Und Sonne. Seit zwei Tagen erst herrscht auf der Insel Sommer, davor hat es geregnet und war eher kühl.

8

Der junge Mann an der Autovermietung heißt Wassilis, der englisch sprechende Enkel unserer Vermieterin Vangelis, wie der Musiker. Was für klingende Namen! Und Maria, Anna, ist klar. Galanaki. Das ist der Familienname.

Dass wir hier sind, hier sein können! Ich bin ein einziges DANKE und freue mich mit leiser Bangigkeit auf diese achtzehn – nun noch siebzehn – Tage im Paradies. Hoffentlich werden wir uns vertragen, Ralf und ich. Wir sind manchmal so verschieden. Und dann doch wieder, zum Beispiel in der Fürsorglichkeit für den jeweils anderen, gleich. Tja.

Dieses Novotel-Hotel am Münchner Airport war wirklich sehr schön und entsprechend teuer. Neunundachtzig Euro für die eine Nacht. Aber wir geizen ja gerade nicht mit Geld. Am Abend sahen wir uns eine Geschichte im ZDF an, in der Ulrike Folkerts als ehemalige Eispenderin nun ihren Sohn suchte. Das passte ja irgendwie zum Jahrestag meines aufgetauchten Familiengeheimnisses: Neun Jahre kenne ich es nun. Am 26. Mai 2005 saßen wir vor dieser Standesbeamtin im Köpenicker Rathaus. Beim Deutschsprachigen Ländertreffen erzählte ich es noch einmal Susanne aus dem Schwarzwald. Sie hatte nach meiner Kette gefragt, was das daran für ein Zeichen sei. Es ist die Dresdner Frauenkirche. So sprudelte die Geschichte noch einmal im Schnelldurchlauf aus mir heraus – und fand im Sonntagabendfilm ihre Fortführung. Alles nur, um mir zu zeigen, welcher Frieden heute in mir ist – in Bezug auf das alles. Danke.

Ich konnte es so positiv verarbeiten wegen aller meiner guten Werkzeuge: AA, Ralfs ständiger und liebevoller Zuwendung, Yoga-Leena, meiner heimlichen

Sponsorin. (Anmerkung: Ein Sponsor ist einer, der den trockenen Weg schon lange geht in AA und der einen Neuling sozusagen unter seine Fittiche nimmt. Yoga ist natürlich nicht AA. Trotzdem empfinde ich meine elf Jahre ältere Yoga-Lehrerin als etwas in dieser Art: Einen Menschen, an dem ich mich ausrichten kann, der mir als unaufdringliches Vorbild voran geht.) Hallo in die Schweiz an dieser Stelle, wo Leena und Simo, ihr Mann, ja gerade Wanderurlaub machen. Kreta sei ihre Lieblingsinsel, hat sie gesagt.

Also, ich kam da durch und fühle mich gestärkt.

Ich sitze auf einem geflochtenen Korbstuhl an jenem selbst gebauten Sekretär aus – wie ich vermute – Olivenholz, der schon beim allerersten Anblick im Internet den Ausschlag gab: Ja, ich will hier Urlaub machen mit Ralf; und ich will mir das mit ihm gemeinsam gönnen.

Alle Möbel in diesem Häuschen sind von Künstlerhand gezimmert, und alle auf diese selbe Art und Weise. Der Spiegeltisch, das ganze Badezimmer-Zubehör, der Kleiderschrank, die Couchecke. Alle Türen werden mit großen hölzernen Riegeln wie in Marrakesch verschlossen. Es gibt zu meinem hohen Glück Fensterläden vor den Fenstern. Ein Geist eines Urahnen schlich heute Nacht durch dieses Haus. Ich grüßte ihn aus meinem Himmelbett. Unserem Himmelbett muss ich ja sagen, denn wir üben wieder das Schlafen zu zweit, nebeneinander. Es ging ganz gut in den vergangenen Nächten in Augsburg und in München, wieso also nicht auch hier!? Ich bin frohen Mutes. Und als Alternative gibt es ein festes Sofa im vorderen Raum. Das erinnert mich auch an Marrakesch, die Polsterdiwane im Frühstücksraum.

Ein Freund hat gesagt, das sei die richtige Griechenland-Hilfe, selber hinzufahren und zu genießen. Eine win-win-Situation würde man heute in moderner Sprache sagen. „Sie ehrten Lenin, indem sie sich nützten" heißt derselbe Gedanke, anders verpackt, im Gedicht *„Die Teppichweber von Kujan-Bulak"* von Bertolt Brecht. („Und hatten ihn also verstanden.")

Tja.

Mir wird sehr warm jetzt…

Am Flughafen lobte eine strahlende Frau mein besticktes Hemd. „Ja, das habe ich bewusst angezogen", rief ich ihr zu. „Ich passe mich dem Anlass an." Es sieht griechisch aus, dieses Blüschen aus weicher Baumwolle von H&M. Sie erwies sich als mein heutiger *Gott durch Menschen*, denn sie sagte den Satz, den ich am meisten brauchte in dieser Situation: „Der Urlaub hat jetzt angefangen." Und lachte. Lachte die Verspätung des Eincheckens fort, lachte auch über die mediterrane Art der Flugzeug-Crew, locker, unaufgeregt, spontan – im Vergleich zur Strenge in korrekten Sicherheitsfragen deutscher Airlines. Immerhin: AEGEAN gilt als eine der besten regionalen Fluglinien Europas!

Am Ende ließ ich mich von all der Leichtigkeit anstecken und nahm es gelassen hin, dass wir verspätet aber zuverlässig starteten und einen Zwischenhalt in Thessaloniki einlegten, was ich zuvor nicht gewusst hatte. „Dinge hinzunehmen, die ich nicht ändern kann." Das alte Gebet und Atmen helfen immer; und wenn ich schon denken muss, dann das buddhistische Maitri: „Mögen ich und alle Wesen glücklich und frei von Leiden sein!"

Ich sage es ja: Die Werkzeuge! Sie wirken tatsächlich.

Danke für all diese tiefen Einsichten, die nun einen weiteren Praxistest bestehen sollen.

Im Flugzeug saß vor mir eine junge Mutter, die einen süßen kleinen jungen mit schwarzen Augen auf ihrem Schoß trug und sich beim Start der Maschine in Thessaloniki (dem zweiten Start für mich an einem Tag) bekreuzigte, aber nur kurz. Es sah für mich so aus, als wüsste sie, dass Gott von ihr keine ausdrückliche Anbiederung brauchte, ER wusste sicherlich auch so Bescheid. Trotzdem hatte sie auf dem Rücken des grünen T-Shirts, das ihr Baby trug, mit einer kleinen Sicherheitsnadel zwei silberne Zeichen befestigt: Ein Kreuz und ein Auge. Klar! So ein kleiner Mann bekommt noch keine Holzkette oder irgendein Schmuckstück, an dem er sich erwürgen oder verletzen könnte. Aber so am Rücken – das leuchtet mir ein.

Dieser Schreibsekretär hat mich hierher gelockt und nun kann ich nicht mehr davon lassen – während Ralf draußen auf der Terrasse sitzt und die Natur beobachtet. Ein Zikadenweibchen, das im Flug befruchtet wird! Ich soll mir das einmal vorstellen!

Wir sind wie zwei Teile eines GANZEN Menschen. Was ich nicht so ausgeprägt habe, hat er – und umgekehrt. Ich bin so froh, dass wir Zeit haben auf Kreta, alle Zeit der Welt. Keiner muss arbeiten, von meinem täglichen Schreibpensum mal abgesehen. Das muss sein. Klar.

Im Krieg mögen Menschen hier eingeschlossen gewesen sein, abgeschnitten von der Außenwelt, in Gottes herrlicher Umgebung. Ich denke daran, dass wir am Flughafen Chania gestern alte Bunker und Festungsanlagen (der Amerikaner?) gesehen haben. „We like Germans, but we don´t like Americans", sagte der

Tankstellenbesitzer, der uns einen verteufelten Espresso mit Eiswürfeln braute. Wir mögen Deutsche, aber wir mögen keine Amerikaner. Er lehrte uns auch die Begrüßungsformeln „Kalimera", „Kalispera". Guten Morgen. Guten Abend. Vangelis lehrte uns später, was bitte und danke auf Griechisch heißt, aber ich habe es schon wieder vergessen. Und ich hatte mir doch eine Eselsbrücke bauen wollen im Kopf…

Der Kopf entspannt sich langsam nach dem vielen input. Ich kann ja peu a peu verarbeiten. Ich habe nun eine erste Ahnung davon, warum man dies die *Insel der Götter* nennt. Ich bin froh, dass in Europa Frieden herrscht, wenigstens zu großen Teilen; aber ein bisschen abgeschnitten mag ich hier schon sein, mit Ralf und meinem Tagebuch.

PS: In das startende Flugzeug hinein habe ich meinen Pancha-Sahita-Rhythmus fürs Herz geatmet (Anmerkung: Das ist eine Reinigungstechnik aus dem Yoga.). Verrückt! Aber es hat funktioniert und sich gut, meditativ, angefühlt.

Wie gesagt: Danke für die Werkzeuge.

Mittwoch, 28. Mai 2014 in Rodakino, Villa Braou:

Heute beginnt der Tag etwas diesig, gestern war heißester Hochsommer. Nun kenne ich also auch den Strand hier. Viele, herrliche Steinchen in allen Farben, Formen und Größen – so schön! Viel schöner als Gold, Geld und Juwelen. Und ich muss sie alle hier lassen; darf keine Wagenladung von ihnen mit nach Hause nehmen –

und könnte sie auch gar nicht auswählen! Welche denn? Und welche nicht? Warum? Außerdem: In meinem Zimmer in Berlin haben sowieso keine mehr Platz; ich sammle ja schon seit Jahren. In Dänemark, an der Ostsee, wo auch immer ich bin. In Dubai sogar! „It is part of the Island", wurde Ralf einmal ermahnt, als er mir aus der Karibik Muscheln und Schneckenhäuser, natürlich auch Mineralien mitbringen wollte. Es ist Teil der Insel und muss hier bleiben. Das stimmt natürlich. Wenn das jeder machen wollte. Trotzdem habe ich Ralfs Geschenk von gestern Nachmittag angenommen. Feierlich überreichte er mir einen Gefleckten in braun und weiß und einen ganz winzigen blendend weißen, wie ein kleiner Drops. Ansonsten baute er hohe Steintürme am Strand, fachmännisch taxiert und beobachtet von den Männern auf ihren Liegen. Die Frauen interessierte der Bau nicht – und ob er vielleicht einstürzt. Sie lasen oder dösten oder sonnten sich sorgsam. Ich fotografierte Ralf, den Baumeister, wanderte zu einer Bucht wie aus dem Film, mit schmalem, abgeschlossenen Blick zum Wasser und einer Höhle, die in den Berg hinein zu führen scheint. Ich will ja gar nicht wissen, wer oder was sich dort versteckt. Der englische Patient legte in so einer Höhle seine verletzte Liebste ab, vermeintlich nur vorübergehend und zu ihrem Schutz. Dann wurde er verhaftet, konnte sie nicht verraten, und sie verschmachtete hilflos in der ewigen Dunkelheit.

Partisanen könnten sich hier einst vor den Deutschen verborgen haben. Viele alte Männer laufen durch das Dorf, die noch dabei gewesen sein könnten – jedoch, sie erzählen es mir nicht, schon, weil ich kein Griechisch sprechen kann. Hat einer von ihnen gestern „Gans!" zu mir gesagt, als ich ihn mit „Jiassas" grüßte, oder habe ich mich nur verhört?

Ich muss heute meinen Koffer auspacken; bisher hatte ich nicht die Kraft dazu. Ich war mit Ankommen beschäftigt.

Hühnergackern wie früher bei meiner Oma.

Man läuft etwa zwanzig Minuten den Berg hinunter bis zum stillen, verträumten Strand. Und am Abend kraxelt man denselben Weg wieder hinauf, wenn man Ralf und Katrin ist. Ein Einheimischer konnte es gestern nicht glauben; er hielt mit dem Auto an und lud uns freundlich lächelnd ein, mit ihm ins Dorf zu fahren. Dann musste er aufgeben und schüttelte den Lockenkopf. Wir blieben dabei. Wir wollten zu Fuß gehen.

Die wenigen Menschen die da sind, vor allem Germans – Deutsche – scheinen dasselbe zu suchen wie wir: Ruhe, Entspannung, Frieden. Und wir bekommen hier alles davon in großen, satten Portionen. „Viel schöner als auf Mallorca", findet es Ralf. Klar. Mallorca ist laut, jedenfalls dort, wo wir gewesen sind. Außer bei Will in seiner Kultur-Finca. Das ist natürlich eine andere Welt. Hier jedenfalls ist es ganz still, und ich habe noch nie ein so leeres Meer gesehen! Keine Schiffe, keine Dampfer, keine Fähren. Am Abend, als wir in der Taverne von Nikos und Anna saßen, fuhr ein einsames Fischerboot hinaus. Und einer der Strandgäste griff sich eine Plastikschale in orange, wobei er verkündete, er führe jetzt noch zum Thomas. Es schien der Höhepunkt des Tages zu sein, und ich werde wahrscheinlich nie erfahren, wer dieser Thomas ist. Ich bewunderte den Mut des Mannes, sich in diesem Schiffchen – wie ich hörte, einem Kajak – auf die raue See hinaus zu wagen, denn stürmisch ist es hier allemal, und die Steine sind ein Service der Natur, um Handtücher, Laken, Kleidchen zu beschweren. Sie würden sonst davonfliegen, über das Libysche Meer, das ja irgendwo da draußen auch ein Kriegsgebiet ist. Auch ein Erdbebengebiet übrigens. Ich habe mein persönliches Erdbeben mit Ralf in meinem Bett – aber keine Klage! Ich bin froh, dass er da ist, auch, wenn er sich manchmal unruhig herumwirft neben mir. „Warum hast du eigentlich keine Angst vor Erdbeben?", hatte er mich vor dem Flug gefragt. „Ich kann mich nur auf eines konzentrieren", antwortete ich ihm. Aber – ja! Es ist ein interessanter Gedanke über Angst. Wieso projiziere ich sie auf eine Sache und blende viele andere aus, die ich ja schließlich auch nicht kontrollieren kann und in Erwägung ziehen könnte. Ein Brand in einem Hotel. Die Bahn, der Bus, das Auto zum Flughafen… und so weiter, und so fort. Jeder muss eben auf irgendetwas vertrauen, auch die Aller-Aller-Ängstlichsten von uns. Man dürfte sonst in kein Brot beißen, kein Glas Wasser trinken. Das Wasser hier, aus dem Hahn, ist übrigens genießbar, wir müssen es nicht abkochen. Schön! Danke. Das tut einer wie mir (die nicht zum Weine greift) sehr gut! In der Taverne gab es auch keinen Ouzo zum Schluss, nur eine kleine Süßigkeit aus Honig und körnigem Reis oder Sago? Mit Schokoladensoße. Ralf kostete zuerst und gab sie zum Verzehr frei. Kein Alkohol drin. Super! Wir durften unser Essen übrigens in der Küche aussuchen. Ralf wählte einen fangfrischen Fisch zum Grillen, ich die Meat Balls mit einem Gemüse, das ich zuerst für Bohnen hielt. Aber es waren Okras, irgendein Zwischending zwischen Peperoni und Schoten, mit Paprika und Tomaten weich gekocht, so

16

dass sie auf der Zunge zergehen. Es war sehr romantisch, so direkt am Meer zu essen. Es wurde kühl. Ich zog mir, wie alle anderen auch, etwas aus Jersey über. Dazu ein Tuch, das genügte. Ein erfrischender Abend an der See. Vorsaison 2014. Wir sind nicht allein, aber für uns. Wer hier neu hinzukommt, fällt auf! In der Strandbar, wo für einen Kaffee und Getränke gelbe Liegen vergeben werden (sie nehmen dann keine Extra-Mietgebühr, wenn man etwas bei ihnen konsumiert), kennen sie heute schon unsere Namen. Aha, das sind Katrin und Ralf. Die gehören ab jetzt dazu.

Überall stehen angefangene Villen und Einfamilienhäuser, Pensionen zur Ferienappartementvermietung herum. Anklagend ragen verrostete Eisenstäbe in die griechische Luft, die nächst höhere Stockwerke hätten tragen sollen, und dann war das Geld alle. Die hiesige Wirtschaft ist ja auch dadurch so in die Knie gegangen, erklärte mir Ralf, dass Kredite vergeben wurden, die durch nichts gedeckt waren. Die ewige Frage: Was ist das rechte Maß an Materiellem, so dass es das Lebendige, Urwüchsige nicht zerstört, sondern sanft hält, erhält. Die Inhaberin meldet sich auch nicht bei mir, mit ihrem versprochenen Angebot eines Lesungshonorars für den fünften Jahrestag ihres Cafés. Wir haben gestern nach fünf Tagen mal wieder in meine E-Mails geschaut (dass Peter mir nicht aus Australien schreibt, das nehme ich ihm nicht übel; ich merke ja zurzeit selbst, wie „fort" man sein kann!!). Ich denke, die Inhaberin weiß nicht, welche Summe sie nennen soll, um einer Frau/Autorin wie mir gerecht zu werden. Ralf denkt, sie hat es vergessen. Es war nur so dahin gesagt, weil sie mich zufällig im Vorübergehen sah. Tja. Wir werden sehen. Von mir gehe ich nicht ab: Meine

Leistung gibt es nur noch gegen Bezahlung. Man sieht ja, dass ich auch etwas mit meinen Finanzen tue. Verreisen, auf andere Gedanken kommen ist jedenfalls viel besser als im Geist mein Konto „anzustarren" und mir vorzustellen, wie von da das Geld in Strömen fort fließt. So kann nichts reinkommen, das ist Mangeldenken. Ich will anders sein, leichter…

PS: Alle Handtücher in der Villa und alle Laken, Kissenbezüge, zwischen denen ich schlafe (Ralf hat seinen eigenen baumwollenen Sack mitgebracht, sein Schlafkondom, wie er es nennt), tragen feine Bordüren aus weißer Klöppelspitze. Man fühlt sich wertvoll als Mensch in solcher Wäsche!

Okras (in Tomaten-Ölsauce, wie ich sie gestern gegessen habe) sind „Lady-Fingers"; Malvengewächse, eine aus Ostafrika stammende Gemüsepflanze. Sie kann auch roh gegessen oder ihre Samen können getrocknet als Kaffeeersatz verwendet werden.

Danke, liebes Internet (Wikipedia).

Donnerstag (Christi Himmelfahrt!), 29. Mai 2014

Kreta ist wild, gefährlich und ungesichert! Im Traum habe ich ein Kind gerettet, das die Nichte von Martin Wegner war (mein erster Ziehsohn als Studentin) und ihm sehr ähnlich sah. Zuletzt telefonierte ich mit einer verflossenen Freundin und fragte, ob ich ihr was schicken soll. Was habe ich da gemeint? Sie jedenfalls schwieg. Nur aus dem Hintergrund hörte ich ein kleines Kind fragen, wer da dran sei – und wunderte mich noch, dass ihr Sohn noch so klein war… Babys. Kinder. Was in mir will da „gerettet" werden? Es ist ja klar, dass da noch eine Verarbeitung stattfinden muss. Augsburg hat vieles aufgewühlt, und es ist klar, dass es auch Menschen von früher gibt, die mich heute nicht mehr treffen wollen – und umgekehrt. Walters „Mädels"! Warum hat der gute alte AA-Brummler eigentlich immer nur weibliche Neuankömmlinge betreuen wollen? Jedenfalls: Es ist vorbei. Adieu! Euch allen.

Als ich heute Nacht wach lag, kam mir der Gedanke, dass eine Liebe, Partnerschaft, Ehe nur in der Gegenwart eine Chance hat! Wenn man so lange zusammen ist wie Ralf und ich – genauso wie wenn man so lange trocken ist wie ich – dann hilft irgendwann das Identifizieren mit Dingen aus der Vergangenheit nicht mehr weiter. Man kann sich darin verlieren wie in einem Labyrinth, und man findet nicht wieder zurück. „Du hast gesagt…", „Du bist…", „Du denkst aber immer…" und so weiter. Das ist alles Quatsch! Das führt nicht voran.

Ich bin traurig, weil ich so vieles loslassen muss, mit dem ich früher geistig arbeiten konnte. Die Wurzeln von irgendwas. Wer weiß das schon so genau. Ich bin hier im Paradies, auf der Insel der Götter! Und will ich etwa Trübsal blasen? Selbst der Hahn kräht die ersten Takte von „Rock me, Amadeus" (das die AA-Freunde aus Salzburg präsentiert haben auf der Bühne am Sonntag). „Amadeus, Amadeus", die Oktave am Anfang. Was für ein musikalischer Hahn!

Da es gestern so trübe aussah, fuhren wir irgendwann einfach mit dem Mietauto los, ein bisschen die Insel erkunden. Überall diese angefangenen und nicht zu Ende gebrachten Villen. Sie werben mit großen Schildern:

„Studios! Rooms to rent", wo es nichts to rent-en, also zu vermieten, gibt. Noch nicht einmal ein Kaffee wird serviert, wenn man zur falschen Stunde des Tages darum bittet. Ein Glück, dass wir den Osten erlebt haben, die DDR, Rumänien, Ungarn... So erschreckt uns vieles Abweisende, Urwüchsige, Verfallene nicht so; es mutet vertraut an, wenn wir es auch schade finden. Alte Gemäuer bröckeln vor sich hin, die bei uns, im Westen, sicherlich unter Denkmalsschutz gestellt und restauriert werden würden. Man müsste Eintritt zahlen, um sie besichtigen zu dürfen. Hier dämmert nur der Schafhirte in ihrem Schatten, und die allgegenwärtige Siesta beherrscht alles in ihrer Stille. Verschlossene Fensterläden, von denen man nicht weiß, ob sie sich je öffnen; überhaupt schon einmal geöffnet haben. Dagegen stehen vitale Leute wie unsere Vermieter! Sie tun viel und wirken jung, sehr aktiv. Wie alt mögen sie sein? Mitte, Ende Vierzig, das könnte hinkommen. Stavros Galanaki ist ein schöner Mann. Seit gestern kennen wir nun auch ihn. Schön und stolz! Graumeliert und ein Gang wie ein Tanz. Ein Grieche wie aus dem Klischee. Tja.

Heute kommt seine Frau zum Putzen. Ich will nicht, dass jemand kommt, bin aber rechtzeitig aufgewacht. Gleich ziehe ich mir etwas an; etwas anderes als den Schlafanzug, meine ich.

Ralf ist mal kurz im Einkaufsladen. Am Abend aßen wir griechischen Salat und Tsatziki auf der Terrasse des Hotels „Saint George". Der Wirt spricht englisch und wirkt resigniert. Kein einziges seiner Zimmer scheint vermietet zu sein – und da kommen wir, „from the HOUSE, aha". Er spricht es aus, als hätte er diesen Reinfall schon öfter erlebt (ich ahne das Gefühl, glaube

20

es zu kennen: So ergeht es mir, wenn im Café Lesungen stattfinden – und ich einfach ignoriert werde, obwohl ich oben drüber wohne... Lesungen anderer, die sicher keine Vergütung wollen oder bekommen). In der Villa Braou steigen sie ab, aber nie in meinem Hotel. Der Wirt gab trotzdem sein Bestes und freute sich sichtlich, dass es uns so schmeckte; dass wir noch den allerletzten Tropfen Olivenöl vom Teller wischten mit dem üblichen Weißbrot. Es war Ralfs Idee, aus guter Nachbarschaft dort einzukehren. Leider gab es dort den Ouzo, gleich als ganze Flasche, und wir mussten ihn erst ausdrücklich ablehnen. Die Männer im Restaurant, die dort saßen (keine Frauen außer mir, wie manchmal im Meeting), tranken aber nur Wasser, Kaffee, Limonade, während sie Karten spielten, redeten, fernsahen, mit ihren Rosenkränzen klimperten – oder einfach nichts taten. Sie waren nicht aufdringlich, aber sie müssen uns beobachtet haben, „new kids in town", die wir sind. Ich finde die Sprachbarriere gar nicht so verkehrt; sie schützt mich vor ellenlangen Gesprächen, auf die ich mich einlassen würde, wie ich mich kenne. Und vor einer Verbrüderung, die mir rasch zu eng werden könnte, und aus der ich dann nicht mehr raus komme, wie früher am Bauernhof in der Steiermark, Schöder. Da ist sie wieder, die Vergangenheit, an der – oft fälschlicherweise – alles gemessen wird. Sie ist tot, die Vergangenheit. Und wer ich heute bin, das stellt sich noch heraus. Ich bin die Literatin, die in allen Kulturen ihren geachteten Platz hat, weil sie schreibt. Das kann jeder sehen und erkennen; anerkennen.

An dieser Stelle stört mich eine deutsche Touristin, die einfach hier hereinspaziert, weil sie das Haus nächstes Jahr buchen und sich mal umschauen will, vorher. Ich ließ sie nur in den Garten und war recht einsilbig. Nach ein paar Fragen entschuldigte sie sich denn auch für die Störung - ihren Überfall! – und trollte sich von dannen. Ralf hat sie auch gesehen, er kommt gerade vom Einkaufen zurück. Alle anerkennen die Literaten? Ha! Alle. Alle außer aufdringlichen deutschen Touristinnen vielleicht. Aber schön, wenn das Haus Interesse weckt; Stavros und Maria Galanaki „are good guys" (sind gute Leute), sagen Einwohner im Dorf und Menschen am Strand. Ich bin dafür, dass sich ihre fleißige Arbeit auszahlt – und wenn ich es ihnen wünsche, dann wünsche ich es sicherlich auch mir.

Gestern versuchten wir, den Wanderweg hinunter nach Loutro zu finden, einem malerischen Fischerdorf, von Touristen völlig erschlagen während der Saison. Wir sahen sie von der großen Fähre strömen gegen Abend. Es müssen tausend Menschen gewesen sein. Loutro, die Samaria-Schlucht. Punktuelle Sehenswürdigkeiten, wo man gewesen sein muss – und die dann alle im Pulk durchtraben. Ich bin mir noch nicht sicher, ob ich das will…

Den Weg nach unten, tief, tief unten am Meer, in diese enge Bucht, in die Loutro sich einschmiegt, den trauten wir uns erst einmal zu, so vom Hinunterschauen. Aber wie sich dann nach zwanzig Gehminuten herausstellte, versperren ihn drei (!) böse bellende, räudige Hunde und schließlich – als seien diese Höllenkreaturen noch nicht genug – ein Drahtzaun mit Eisenkette, einem Schloss. Da kehrten wir um. Das wollten wir nicht riskieren. Es sah aus, als wollte da jemand nicht, dass sich weitere Touristenströme wandernd da herab wälzen. Denn auf der Straße oberhalb weisen Kreidepfeile genau dorthin, und eine alte Frau, die uns ihre

Häkelarbeiten verkaufen wollte, nickte ebenfalls und zeigte mit ihrem gegerbten Finger ebenfalls in die eine Richtung. „Loutro? Yes, yes – go, go!"... Die Meinungen dazu gehen scheinbar auseinander. Wir kämpften nicht. Wir lenkten ein.

Steile Serpentinen ohne Leitplanken und Asphalt. Halsbrecherische Schluchten, über die wackelige Holzbrücken führen, die Bohlen lose aneinandergereiht. Viele frei laufende Tiere an den Hängen; Ziegen, die die Fahrbahn kreuzen. Steinschlag, Provisorien – keine Kontrolle, keine TÜV-Normen. Wie gefährlich ist es, hier einfach loszuwandern? Es sollen auch schon Leute in diesen Bergen verdurstet sein…

„Wie blöd kann man eigentlich sein, nicht zu wissen oder es jedenfalls nicht zu beachten, dass man beim Wandern in diesen Mittelmeeresgefilden viel trinken muss", sagte ich in überheblicher Manier zum Ralf.

„Ha!", antwortete der. Und wir dachten beiden wie aus einem Hirn augenblicklich an Mallorca 2012, als wir uns auf den Höhen des Tramuntana-Gebirges in Entfernungen total verschätzt, aber bereits alle unsere Wasserflaschen leer genuckelt hatten. Als wir ein Fass austrinken wollten – im ersten Imbisskiosk nach drei Stunden schier vertrocknender Suche. Ja, ja. Der Balken im eigenen Auge.

Mit Städte-, Orts-, Höhlen- und Schluchtennamen werfe ich mal nicht so um mich; ich bin ja noch ganz fremd hier und beim Eingewöhnen. Auf meinem (jetzt ist es natürlich schon „meiner"!) Sekretär steht ein noch viel besserer Kreta-Reiseführer als der, den wir mitgebracht hatten. Ich werde ihn lesen, nun bin ich bereit dazu. Ich muss immer erst da sein, vor Ort. Von zu Hause aus kann ich mir das alles nicht vorstellen.

Und so ist mein bisheriger Eindruck: Provisorien, Unkontrolliertheit, Gefahr. Das sagt auch etwas über mich aus, fürchte ich.

Die Nordküste der Insel soll touristisch besser erschlossen sein. An der Südküste – hier – findet man eher noch die griechische Ursprünglichkeit. Ich bin am rechten Fleck – mit dem einzig richtigen Gefährten, und mit diesem werde ich jetzt frühstücken. Frau Galanaki lässt sich noch nicht blicken.

PS: Ich bin angespannt wegen unserer offensichtlich zartfühlenden Vermieterin (die mit dem Putzen wartet und extra später erscheint) und bekomme eine herein platzende deutsche Touristin! So ist das Leben. Man fürchtet sich immer vor den falschen Dingen.

Der afrikanische Sandregen, der alles verschmiert und den Oliven schadet, kommt nur im Mai, sagt Anna - direkt aus der Sahara. Ihr Kinder Maria (21) und Vangelis (17) lieben Berlin, auf griechisch „Verolino". Maria war vom 5. Mai an zehn Tage da, auf der Universität. Vangelis studiert auch und will Pilot werden. Zum Frühstück bekamen wir warme (!) Quarktaschen, ganz frisch gebacken; und die Vermieterin versicherte mir: „Kein Alkohol." Wie gut, dass wir Bescheid gesagt hatten von vornherein; obwohl ein Teil von mir sich immer noch „dafür" schämen will. Verrückt – nach all den Jahren!

Epharistó heißt Danke. *Kalimera* – Guten Morgen. *Kalispera* – Guten Abend. *Kalinichta* – Gute Nacht. Am neutralsten sagt man *Jiassas,* das bedeutet einfach Hallo.

Wenn ich Anna und Stavros Galanaki sehe, dann sehe ich eine Liebesgeschichte vor mir.

Freitag, 30. Mai 2014 in Rodakino auf Kreta

Ein sandig verschmierter Regen 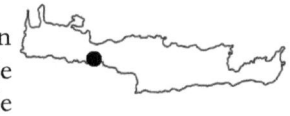 hat gestern alle Autos und die Haare verklebt. Es sieht aus wie eine gigantische Umweltverschmutzung. Gut, dass wir von Anna den wahren Grund wussten! Es war, als würde etwas Festes vom Himmel herab geschüttet und setzte sich auf alles, was da lag, stand, ging, fuhr, kroch oder flog. Eine schmutzigweiße Schicht auf allem, Mensch und Tier. Am Ende hatte ich nicht einmal mehr Lust am Hafen von... (ich komme noch darauf!) spazieren zu gehen. Zum Glück gab es auch Sonnenstunden, die wir vormittags und mittags an unserem Strand verbrachten. So liefen wir doch zu Fuß, einmal am Tag; und später noch am Strand von... (ich komme noch darauf). Ich habe eine Heidenangst, eventuell nicht zu meinem täglichen Fußmarsch zu kommen.

Also: Es war freundlich mit Anna, die mehr als gründlich putzte. Es war angenehm am Strand, warm, mit einem sanft fächelnden Wind um die Nase, wie ich ihn auch von Malta her kenne. Keine Sonnencreme nötig, wir übertreiben es ja nicht. Als dunkle Wolken aufzogen, der Regen und Gewittergrollen einsetzten, flüchteten wir mit den anderen Badegästen in die Strandbar, in der sie unsere Namen kennen. Ich will mich aber nicht verbrüdern. Und als Rufe nach einem Spiel „Mensch ärgere dich nicht" und Rotwein laut wurden, fanden wir den Absprung rechtzeitig – und wanderten durch vorübergehende Trockenheit im Außen (dauerhafte Trockenheit in meinem Inneren – natürlich!!) nach „Hause". Der passende Tag, um noch ein Stück herum zu fahren, fanden wir beide. Gesagt, getan.

Also ab ins Auto, das schon wie gekalkt aussah, die Frontscheibe war blind vor grauem Sandbelag. Die Scheibenwaschanlage leistete ganze Arbeit. Wir steuerten nun die andere Seite der Insel, von uns aus gesehen, an und lenkten den Hyundai nach rechts im Dorf. Ich finde es gut, wie wir das machen. Uns erst einmal einen Überblick verschaffen – und später dann entscheiden, was wir tut, wohin wir wandern wollen. In Soutro (mit Ralfs Hilfe fällt es mir endlich ein) machten wir zuerst Halt und liefen durch eine lauschige, einsame Bucht. Herrlich! Göttlich. Nur wenige einzelne Frauen waren da außer uns unterwegs. Bunte Schals um Köpfe geschlungen. Weite Leinenhosen. In sich gekehrter Blick. Frauen, die wirkten, als befänden sie sich auf einem spirituellen Retreat. „Bestimmt Deutsche", sagte Ralf auf meine diesbezügliche Vermutung hin. „Deutsche haben Spiritualität am nötigsten." Der Ralf! Denkt Sachen!

Von da aus fuhren wir weiter nach Plakias (mit Ralfs Hilfe fällt es mir ein!), ein wahrer Touristenort wie Paguera auf Mallorca. Später sollten wir dort essen, aber zunächst fuhren wir hindurch und hinauf zum Kloster Preveli, das in karger Gebirgslandschaft fast zweihundert Meter über dem Meer thront. Seine Tore waren schon geschlossen, als wir eintrafen, aber bei diesem Sturm und dem immer wieder aufkommenden Sandregen – wie schon angedeutet – verging mir ohnehin die Lust, alte Gemäuer zu besichtigen. Ich nahm es als erste Kontaktaufnahme – und später müssen wir dann nicht mehr suchen, wenn wir an einem günstigeren Tag dorthin gehen. Vielleicht steigen wir dann auch die vierhundertachtzig Stufen zum Palmenstrand hinunter und wieder hinauf, an dem sich Süßwasser aus einer Schlucht und das Salzwasser aus dem Libyschen Meer „Guten Tag" sagen – oder „Kalimera". Auch wieder waren es nur – dieses Mal englisch sprechende – Frauen, die an diesem rauen Tag dort kletterten und uns nach Luft japsend die Anzahl der Treppenstufen verkündeten. Fourhundredandeighty. Tja. Wie gesagt. Mir war nicht danach, aus dem Auto auszusteigen; uns beiden nicht. Und so fuhren wir die Serpentine des Tages hinunter, zurück nach Plakias, wo wir einkehrten. In eine Taverne, die erst um 19 Uhr aufmachte, nur eine bestimmte Anzahl von Gerichten anbot, und wenn die alle waren, dann waren sie eben ausverkauft. Punktum.

Eine in sich ruhende, die Formen ihrer Rotunde behände schwingende Wirtin verkündete ohne Entschuldigung oder Scham: „Espresso? Gibt's nicht." Wie stark mich das an meine gute alte DDR erinnert! Ich bin überhaupt nicht böse, wenn es mal nicht alles immer gibt. Für mich wurde Curry Chicken serviert; für Ralf ein wahrhaft köstliches Lamm. Dazu gab es griechischen Salat und als kleinen Gruß aus der Küche schwarze Olivenpaste (Humus) mit dunklem (!) Brot. Viele Gäste sprachen deutsch. Die Wirtin schien viele Sprachen zu beherrschen – zusätzlich zur Sprache der weiblichen Autorität.

Hinter uns nahm eine Gesellschaft von Übersetzern, Zeichnern, Lektoren, Freiberuflern Platz, die über ihre Branche sprachen und damit angaben, Harry Rowohlt persönlich auf Kreta getroffen zu haben. Er soll hier immer gern an einem ganz bestimmten Ort gezecht haben. Ja, ja. Name dropping, berühmte Namen fallen lassen und alkoholische Räusche heraufbeschwören. Ich saß schon mit Herrn Vito von Eichborn in der Finca Son Baulo auf Mallorca beim Autorentreffen! Aber ich trinke nicht, also will sich mein Ego auch nicht einmischen. Alkoholismus ist eine Krankheit des aufgeblähten Egos. Die Genesung geht genau in die andere Richtung: Das Ego wird peu a peu platt geklopft, mehr oder weniger freiwillig und mit Unterstützung von außen. Die Offenheit für das Göttliche wird größer und weiter. Gott sei Dank. Im wahrsten Sinne der Wortgruppe. Und so hielt ich still – anders als früher, wo ich mich sicherlich in das fröhliche Gelage eingeklinkt, mitgetan und mir irgendetwas Karrieremäßiges davon versprochen hätte. Aber so blieb ich unauffällig mit dem Gefährten Kopf an Kopf sitzen, während der mir zuraunte: „Wenn sie wüssten, dass hier zwei der sagenumwobenen Self Publisher sitzen!" Angeblich werden Leute wie wir, die ihre Bücher selbst verlegen, ja inzwischen nicht mehr belächelt und gering geschätzt. Universitäten fertigen bereits Studien über uns an! Ha!

Ist es nun ein Zufall, dass ausgerechnet gestern Abend eine E-Mail von der Inhaberin da war?

Ich habe sie noch nicht gelesen, weil ich meinen Abend nicht mit ihr verbringen wollte – und mit dem Kopfkino über den Inhalt ihrer Nachricht. Aber ich konnte trotzdem kaum schlafen. Ein ausgeruhter Ralf war „tobig", ausgelassen und albern – und schnarchte anschließend wie ein Werwolf neben mir; ich bekam direkt Angst. Wir müssen etwas ändern für die Harmonie. Harmonie entsteht durch Ehrlichkeit, haben wir beim Ländertreffen gelernt. Also!

Seit einer Woche sind wir nun schon unterwegs.

PS: Genau, jetzt habe ich es: Ein zementartiger Regen aus der Sahara fiel gestern vom Himmel. Wie Zement! Wie in Rüdersdorf zu aktiven Zeiten des VEB Zementwerkes.

PPS: Die Inhaberin bietet fünfundsiebzig Euro für dreißig Minuten Lesung an, am zwanzigsten Juni von vierzehn Uhr bis vierzehn Uhr dreißig.

Ich habe JA gesagt und schreibe ihr eine Rechnung plus sieben Prozent Mehrwertsteuer, das macht fünf Euro und zwanzig Cent...

Ick freu mir. Danke.

Sonnabend, 31. Mai 2014 in Rodakino auf Kreta

Eine Nachtschicht ohne ersicht-lichen Grund. Der Zyklus ist aktiv. Alles Hormontango.

„Wer die Wechseljahre miteinander durchsteht", sagte Ralf gestern beim Frühstück, „der hat gute Chancen, bis an sein seliges Ende zusammen glücklich zu sein."

Wir probieren eine neue Variante des Schlafens aus: Er – draußen am offenen Fenster, die wilden Tiere verscheuchen. Ich – drinnen, allein im Dunkeln, in meditativer Stille. So halten wir uns gegenseitig nicht wach. Aber etwas aus meinem eigenen Inneren weckte mich auf und hielt mich wach; und die Geister. Und die Geister! Ich kann mich des Eindrucks einfach nicht erwehren, dass wispernde Wesenheiten mit mir in diesem Zimmer voller Olivenholzmöbel sind... Ich grusele mich ein bisschen und hätte aus diesem Grund schon gern Ralf in meiner Nähe. Aber ich glaube, es ist trotzdem besser so; wir stören einander nicht, und er konnte entspannt schlafen. Wir „werten" alles nachher beim Frühstück auf der Terrasse „aus".

Bis siebzehn Uhr hielten wir uns gestern im Garten unserer Villa auf! Wir aßen, lasen, sonnten uns; Ralf tat einige Näharbeiten. Wir tauschten Zärtlichkeiten – ich mit ein wenig schlechtem Gewissen: Haben die umliegenden Zäune Augen? Im Reiseführer gibt es auch ein Kapitel über die strengen griechisch-orthodoxen Sitten und Gebräuche hier. Man sollte Abstand wahren – und da lagen wir, umarmt, so inniglich…– im Eingang, halb drinnen und halb draußen. Tja. Von oben, aus dem Türrahmen sah mich bedrohlich ein rußiges schwarzes Kreidezeichen an, das ich nicht deuten konnte. Ein Kreis mit einem Kreuz darin, wie zweimal durchgestrichen.

Nun ja. Es ist uns nichts passiert!

Anschließend taten wir die Wanderung zu den anderen Stränden, rechts von unserem. Das war ein Gang ganz nach meinem Geschmack: Immer am Meer entlang auf geraden, staubigen Pfaden, auch mal auf der ruhigen, wenig befahrenen Autostraße…

An der Peach Bar wollten wir einen raschen Espresso trinken, aber statt des Wirtes Jannis erwartete uns dort ein kommunikativer Engländer mit zwei großen, großen Hunden: Barnie und Bonnie, der die Stellung hielt. Die Kaffeemaschine konnte, wollte, durfte er jedoch nicht bedienen. Und so verkürzte er uns die Wartezeit auf Jannis mit einem Gespräch. Er sah aus wie einer unserer Freunde und erinnerte mich an meine Eltern. Mit einem Wohnmobil monatelang durch die Gegend reisen und die Rente in südlichen Gefilden verbraten. Seit siebenundzwanzig Jahren durchstreift dieses britische Ehepaar – zu ihm, Barnie und Bonnie gehört auch noch eine Frau, sagte der Mann, die wir allerdings nicht zu Gesicht bekamen – Kreta und Griechenland. Jetzt helfen sie den Einheimischen ein wenig aus und bekommen dafür den Stellplatz für ihr „Motor Home" gratis. Er vertritt – wie gesagt – Jannis bei Abwesenheit in der Bar. Sie unterstützt die Inhaberin des nahegelegenen Appartement-Hauses, die sich kein Personal leisten kann, um wenigstens ein bisschen Geld zu verdienen. So hilft jeder jedem – und allen ist geholfen. Der freundliche Mann, der früher nahe Bremen in einer Süßwarenfabrik gearbeitet hatte, die *MARS*, *RAIDER* und *TWIX* herstellte und weltweit dienstlich reiste, sprach ein gut verständliches Englisch. Wir konnten prima miteinander kommunizieren, bis Jannis kam, um meinen inzwischen stark angestiegenen Kaffee-Appetit zu stillen. Raki wollte er auch mit uns trinken – aber, nun ja: Kein Alkohol, you know. Ein bisschen enttäuscht sah er ja aus. Er murmelte etwas von „only a little in it"… – aber für mich ist eben auch „a little" schon zuviel. Gut, dass Ralf mitzieht! Ich könnte mir nicht vorstellen, mit jemandem Urlaub zu machen, der da fröhlich mitbechert. Und ich sitze womöglich daneben… Nee, nee. So ist es schon sehr viel besser. Danke an dieser Stelle.

Ich mochte Jannis spontan sehr gern. Wir tauschten einen verständnisinnig-angeekelten Blick, als die großen Hunde Bonnie und Barnie ihrem Herrchen das Gesicht (!) abschlabberten. Außerdem trägt Jannis sonnenverbrannte Lachfältchen um die Augen, die ihm sehr gut stehen. Trotzdem: Der Preis, mit ihm anzustoßen, ist zu hoch. Vielleicht gehen wir noch einmal seinen prima Espresso „groß" schlürfen, zu dem hierzulande ein Stück Rührkuchen serviert wird. Das ist das Richtige für mich „Süßhahn".

Der Engländer erzählte auf meine Frage hin auch von der Samaria-Schlucht, die er einmal durchwandert habe, aber er braucht es kein zweites Mal. Sagt er. (Ich denke an die eine Yoga-Studentin, deren plötzlicher „Abgang" aus der Gruppe mich immer noch traurig macht, und die zu sagen pflegte, einmal im Ashram gewesen zu sein genüge vollkommen. Sie braucht es kein zweites Mal.) Es sei eine leichte Wanderung, nur lang eben – vier Stunden, mindestens. Und in der Saison sei die Schlucht von Menschen total überlaufen, man wandert praktisch im Pulk, die ganze Zeit über. Jetzt könnten wir noch Glück haben. Aber man muss um fünf Uhr aufstehen dafür... Ich bin mir nicht sicher, ob ich da hin will, nur weil „man es gesehen haben muss". (Ha, ich muss gar nichts!) Oder weil dieser eine AA-Freund mich hinterher vielleicht danach fragt, dieser Kreta-Kenner. Das ist ja wie Kollegen-Terror im Büro, wenn ich so denke! „Warum warst du nicht da? Das ist doch ein absolutes MUSS! Was – du bist ja gar nicht braun. Ich denke, du warst auf Kreta!" Und so weiter. Und so fort.

Ich weiß auch gar nicht, ob Ralf das überhaupt will; ich weiß nur, dass er möglichst viel von der Insel sehen will. Wie ich ja auch. Also weiter, ganz entspannt im Hier und Jetzt.

Ich muss schon ganz beachtlichen Hormontango gehabt haben während der vergangenen Tage. Also spricht Ralf wohl wahr, wenn er die Herausforderungen der Wechseljahre anmerkt und sich da freundlicherweise selbst gleich mit einschließt. Danke! Mal sehen, wie es sein wird, wenn ich da durch bin, und er auch. Durch Pancha Sahita sind wir jetzt durch: Fünfundvierzig Tage systematisch reinigendes, verjüngendes Atmen. Die Menstruation kehrte zurück. „Es verjüngt halt", sagte die Yoga-Lehrerin dazu. Tja. Tja, tja, tja. Wer das eine will, muss das andere mögen.

Einträchtig kauften wir zusammen ein. Für stolze zwei Euro fünfzig gibt es ein Päckchen Vollkornbrot, sonst ja hauptsächlich dickes und fluffiges helles Brot. Wir mixten uns unseren griechischen Salat mit Feta dieses Mal selbst. Bis fast an die Mitternacht heran saßen wir draußen auf der Terrasse, aßen, frohlockten und beobachteten „Herkules", eine wendige kleine Echse, die am Fensterladen der Villa Braou ihr Abendbrot jagt. Unsere Villa scheint hier übrigens wirklich jeder zu kennen; Jannis und der Engländer auch!

Ich habe wieder Lust zu lesen und Ralf vorzulesen. Morgens das AA-Heute-Buch, die Gedanken zum Tag. Mittags den Kreta-Reiseführer und Oshos Yoga-Buch. Abends aus „Das Geheimnis des Familienglücks", ein christliches Büchlein, steht hier auf dem Sekretär. Kleine Kostprobe aus letzterem Werk: Zwei Schlüssel gibt es zu einer dauerhaften Ehe. Erstens, Liebe zueinander und zu Gott (DEN bitte ich ja schon lange still „hinzu", wenn es zwischen uns mal „knirscht") – und zweitens, gegenseitiger Respekt vor der Andersartigkeit des anderen. Der andere ist anders. Das habe ich in AA gelernt. Meine Kirche ist AA. Mir scheint, wir haben wirklich gute Chancen, wir zwei.

Herkules nickte uns zu und ließ sich von Ralf fotografieren. Nicht, ohne sich vorher in eine anmutige Pose zu werfen. So viel Zeit muss sein.

PS: Mit einem wie Jannis hätte ich früher gern (Raki, was auch immer) gesoffen – zumal in so schöner Umgebung; da kann man doch nicht krank vom Trinken werden. Mal sehen, vielleicht kommt es ja noch zum Gespräch. Das ergibt sich hier ohnehin, einfach so. Allen außer Ralf und mir ist langweilig (Übertreibung veranschaulicht!). Wir haben immer was zu „tun".

Mittags ruft der Pope (papas) über Lautsprecher streng klingende Gebete ins Tal, wie der Muezzin in Marrakesch, Insch´Allah. Die kretische Religion sei noch immer mehr von Konstantinopel (Istanbul) beeinflusst denn vom Griechisch-Ortodoxen. Daher die Nähe, die angemutete, zum Islam… (?)

PPS: Ralf hat ein Auto gesehen mit braunen Kisten auf der Ladefläche (Lautsprecherboxen?), und er sagte, dass immer von da aus „getönt" wurde, wenn es an Häusern vorüber fuhr. Der Eiermann? Der Eisverkäufer? Oder gar doch – wie ich oben vermutet hatte – „Der Mobile Muezzin"?

Kreta ist eine Entdeckungsreise, die nie endet, steht im Reiseführer von Dumont. Wir haben also viel, viel Zeit. Ich glaube, Ralf empfindet genauso. Er wäscht, näht, tut Dinge im Garten, muddelt herum. Er ist, wie ich, schon stark verlangsamt mittlerweile. Vor fünfzehn Uhr kommen wir nicht weg – und wozu auch! Solchen wie dem Kreta-Kenner müssen wir ja nichts beweisen! Wofür steht dieser Kerl nur in my mind, dass ich ihn einfach nicht loswerde? (Wahrscheinlich kein so großes Rätsel; ich will es nur gerade so gar nicht lösen.)

Das ist hier ein bisschen wie in einem Riad in Marrakesch zu wohnen, vom Mittendrin-Faktor her gesehen – und von der Urigkeit, der Originalität der Behausung.

Samstagabend. Überall um uns herum wird geschlachtet und geschächtet. Die Jungs spielen vor der Kirche Fußball; Stimmen aus allen Richtungen. Der Nachbar, der immer ernst schaut und uns aus glühenden Augen ansieht wenn er uns grüßt, treibt seine Ziege vorüber, mit der er innig zusammen lebt.

Wir essen heute Nudeln auf der Terrasse. Ralf hat gekocht. Danke.

Sonntag, 1. Juni 2014 in Rodakino auf Kreta

Die deutschen Leute am Strand, die mit dem Kajak raus fahren, es auch selbst reparieren, und die den Einheimischen beim Schafe schlachten helfen, sie sagen, dies hier sei „die schönste Gegend der ganzen Insel" für sie… Die Ruhe, die Beschaulichkeit, die Ursprünglichkeit. Und: Man bekomme schnell Kontakt. Ja, das merke ich auch. Ich lasse etwas Kontakt zu; will mich aber natürlich nicht weinselig verbrüdern. Ich kann es mir selbst nicht oft genug sagen.

Aber Menschen interessieren sich für Menschen, immer und überall, das ist auch klar. Wie lebt der jeweils andere; wie machen sie das mit dem Geld, der Arbeit, der Familie und dem Glücklichsein. Meine lieben AA-Freunde: Das Spiel von Nähe und Distanz ist etwas ewig Menschliches – und nichts, was andere „besser" könnten als wir, weil wir so krank (gewesen) sind. Wir dürfen uns nicht gegenseitig in der Krankheit festhalten durch falsche Glaubenssätze, wir könnten dies oder das nicht tun (weil wir so krank sind). Wir können keinen Alkohol vertragen – das ja; der bringt mich um. Aber sonst „sollen" wir doch ins Leben gehen, nicht Leben vermeiden. Die Meetings stellen dabei eine Rückversicherung dar, eine ständige Quelle von Kraft. Das wollte ich an dieser Stelle mal erwähnt haben.

Am Abend drehten wir eine Runde durch das Dorf, grüßten „Jiassas" oder „Kalispera" oder „Kalinichta", wechselten ein paar Worte mit der Dame aus dem Supermarkt und ihrem kleinen dreijährigen Jan(nis).

Wir sprachen auch mit den Galanakis ein wenig. Vangelis ist übers Wochenende wieder zu Hause, übersetzt ins Englische und wieder zurück. Wir waren zu allen freundlich, ließen uns (an)sehen und zechten mit keinem. Es geht doch! Danke.

Heute muss ich unbedingt ein bisschen Yoga üben, die Jattis, die Lockerungsübungen. Der ganze Körper – Nacken, Zehen – alles ist ganz fest und verspannt. Trotz Sonne, trotz Meer, trotz Aalen im Mediterranen. Trotz regelmäßiger Spaziergänge auch… Ich bin eben keine achtzehn mehr! Na und?!

Die „Tage" sind wieder verschwunden; im Dorfladen habe ich mir trotzdem „Equipment" gekauft – für alle Fälle. Und, um das Equipment aus aller Herren Länder zu „sammeln" – wie in Marrakesch, wie auf Mallorca. Es ist ja so unterschiedlich nicht. Ich nehme das Weibliche hin wie es kommt, oder wie es nicht kommt. Falls ja, werde ich verstöpselt baden gehen und mich an nichts Schönem hindern lassen. Darüber bin ich lange hinaus, Gott sei Dank.

Da hatten wir nun gestern keine anderen Wünsche als lange in der Villa und ihrem Garten Eden zu bleiben.

Mit Hilfe von Vangelis´ Translation habe ich es Anna gesagt, wie herrlich ich ihre Oase finde und wie ich jedes kleine Detail darin genieße; jeden schräg gestellten Tontopf, aus dem Wasser fließt, jede Lichtinstallation in einem versteckten, blühenden Winkel. Sie strahlte und sah sehr schön aus. Die Menschen werden insgesamt zu selten gelobt, will mir scheinen. Dabei geben sie doch ihr Bestes. Wie auch Stavros bescheiden versicherte, als wir ihm auf unserer Rücktour das Gleiche sagten: „Schön, wunderschön hier. Wir fühlen uns so wohl!" Wir geben unser Bestes, sagte er und wollen immer noch besser werden. Ja, dachte ich, so ist es bei mir auch. Insch´Allah.

Der mobile Muezzin hat sich übrigens doch als fliegender Händler herausgestellt. Gestern bekamen wir ihn zu Gesicht. Er verließ seinen Pickup voller Blumentöpfe, Plastikmöbel, Gartenzubehör, um im Super Market zwei Büchsen Bier zu kaufen. Das Werbetonband dröhnte derweil weiter aus seiner Fahrerkabine – voller begeisterter Betonung und Emphase wie bei einem Motivationstrainer. Tschaka! Das Männlein selber blickte schlecht gelaunt und verschlossen in sich hinein. Ein seltsamer Kontrast: Reklame und Wahrheit. Wie der wirkliche Moderator eines Radiosenders in direktem Vergleich zu seinem strahlenden Foto auf einer Internetseite. Was bin ich froh, dass wir zu zweit reisen, ohne berufliche Verpflichtungen! Vierundzwanzig Stunden, rund um die Uhr zusammen, und das Wunder geschieht: Ich habe Ralf lieber und lieber, immer mehr mit jedem Tag.

Gestern – nach Nudelessen und Abendrunde durchs Dorf – kam er ins Erzählen, wie eine Inventur seines Lebens. Es ist mir eigentlich zu zart, um es aufzuschreiben, für mich war es ein magischer Moment. Ich lauschte ihm, stellte nur ab und zu eine Zwischenfrage, um den Fluss zu erhalten und schwieg ansonsten, traute mich kaum aufs Klo. Ein Zauber lässt sich so leicht zerbrechen, und dann kann man ihn nicht wieder heraufbeschwören.

Am Ende sagte er, nun könne er nicht mehr; ihm sei kalt und er sei müde. Er wolle ins Bett. Ich bat ihn darum, zusammen einzuschlafen. Er lachte, tat mir den Gefallen und schlich sich später hinaus an „sein" offenes Wohnzimmerfenster. Nach so einem Gespräch kann man nicht getrennt zu Bett gehen, fand ich. Das war mein Gefühl, und er folgte ihm; folgte mir in das große, breite, schwingende Himmelbett mit der durchgehenden Matratze.

Ich sah den jungen Mann wieder, in den ich mich so verliebt hatte. Ich sah das Dorfkind, das er war. Ich sah den „Schlampi"-Kerl, der in keine Schublade passte und sich nicht recht entscheiden konnte, was er wohl mit seinem Leben machen sollte. Ich sah sie alle in ihm – und ich liebe sie alle.

Dass er so redet! Wir lassen uns eben aufeinander ein. Wir sprechen möglichst über alles, lassen den jeweils anderen nicht im Unklaren – und wir lenken uns hier nicht durch Fernsehen ab. Ich würde kein TV wollen, das uns auch nur eine Stunde dieses Urlaubs stört. Nein, nein und nochmals nein! Es gibt hier einen kleinen Fernseher im Schlafzimmer – ja. Aber der bleibt aus, den will ich never einschalten. Ralf zum Glück auch nicht.

Sonntag auf dem kretischen Dorfe, und keine Kirchenglocken läuten! Dabei wohnen wir direkt neben dem weiß getünchten Kirchlein, aber außer beschaulicher Stille und dem Zirpen der Grillen ist nichts zu vernehmen. Das Kratzen meiner Goldfeder auf dem Papier! Das Umblättern der Buchseiten durch Ralf auf der Terrasse.

Ich kehre verändert ins Leben, unter die Menschen zurück. Ich bin nun eine reife Lady – lange nicht mehr das Blatt im Wind, das ich früher war. Alles Üben hat sich gelohnt und lohnt sich immer noch. Danke.

Ich gehe mit diesem Mann wohin auch immer. Ich bin so froh, dass wir uns füreinander entscheiden, nicht nur damals, sondern auch heute, immer neu.

Es ist hier wie in der Sommerfrische früherer Literatinnen. Ich könnte monatelang mit Ralf hier sein, auf Kreta.

Montag, 2. Juni 2014 in Rodakino auf Kreta

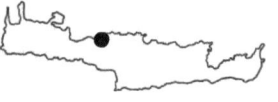

Das Wetter ist bedeckt hier in der „Sommerfrische" und ich kam heute Nacht nicht in den Schlaf. Bin ich vielleicht schon zu ausgeruht? Ist die Energie sehr hoch auf der Insel der Götter? Habe ich unterbewusst viel zu verarbeiten oder bin ich zu empfindsam für solche Tapetenwechsel? Für dann doch wieder viele, viele Menschen? So eindringliche Fragen und keine Antworten. Instinktiv würde ich sagen: Es ist von allem Genannten etwas dabei.

Jedenfalls hatte ich in Rethymnon an der Nordküste nicht so viel orientalischen Charme und Souk-Atmosphäre vermutet, wie ich sie bisher nur aus Marrakesch und Dubai, Altstadt kannte.

Was für ein Städtchen, dieses Rethymnon!

Am Abend, als die Hitze ging und wir ausreichend gegessen, geplantscht und uns gesonnt hatten, fuhren wir also einmal „quer" über die Insel, um Rethymnon anzuschauen, wo heute (!) ein AA-Meeting stattfindet, und das mit Chania verständlicherweise (nachdem ich es gesehen habe) um den Titel „schönste Stadt Kretas" wetteifert. Der längste Stadtstrand – wie die Copacabana in Rio de Janeiro; so stelle ich sie mir wenigstens vor. Ein venezianischer Hafen, großzügig, eingefriedet und – fast möchte ich sagen, endlich! - voller Boote, Yachten, Sightseeing-Dampfer wie die Black Pearl von Captain Jack Sparrow in „Fluch der Karibik". Das Meer ist sonst überall so leer! Eine weite, weite Fläche – blau und endlos, so weit das Auge blicken kann. Die beiden deutschen Kajak-Fahrer, Vater und Sohn, waren die Einzigen, die gestern bei hohem Wellengang eine so unglaubliche Strecke hinaus paddelten, dass sie nach kurzer Zeit nur noch Stecknadelköpfe hatten; dass ab und zu ein orangeroter Punkt – eines der beiden winzigen Plastikbötchen – auf einem Wellenkamm auftauchte und blinkte in der Sonne. „Sie wissen hoffentlich, was sie da tun!", rief ich den am Strand zurückgebliebenen beiden Frauen zu. Lächelnd nickten die. Sie schienen keinerlei Angst um ihre Männer zu haben. Ich kann mir das nicht vorstellen. Ich in derselben Situation wäre sicherlich ein Stück gestorben und hätte Ralf die Freundschaft gekündigt. Es herrschte so hoher Wellengang und Sturm wie damals an der Ostsee – nur, dass es hier keinen Sturmball gibt, der hochgezogen werden könnte. Aber jung und doof, wie wir damals im Chorlager waren, hat uns der Sturmball ja auch nicht von unserem waghalsigen Hinausschwimmen abgehalten, an dem ich beinahe ertrunken wäre und mit sechzehn stante pede meiner Oma auf die andere Seite gefolgt. Ich kann immer noch dieses Gefühl in mir spüren, wie leicht es gewesen wäre, einfach loszulassen. Viel leichter als zu kämpfen, Salzwasser zu schlucken und meine allerletzten Armkräfte zu mobilisieren, um es doch noch an Land zu schaffen. Auf den Sand.

Auf festen Boden.

Ich bin immer noch hier, und gut so. Anne und Jan würde es nicht geben, Ralf und unsere Liebe nicht, meine Trockenheit und meine sechzehn Bücher nicht. Was für ein Verlust wäre das gewesen; so viel kostbares, gelebtes Leben!

Gestern war mir das Libysche Meer jedenfalls nicht geheuer; ich benetzte mich nur vorsichtig und nutzte ansonsten die sonnenwarme Dusche am Strand. Die Kajak-Fahrer jedoch… Als der Vater im Begriff war, zurückzukehren (der Sohn schien nach Afrika übersetzen zu wollen), übten wir den „Englischen Abgang": Wir packten unsere Sachen und verschwanden, auch, weil wir keine Lust auf Heldengeschichten hatten. Wir alle beide nicht! Als Publikum wollte ich dafür nicht zur Verfügung stehen. Da draußen – und an diesem einsamen Strand ohne Bademeister oder Motorboote – hätte die Männer keiner retten können. Für mich ist das gefährlicher Leichtsinn und etwas Beweisen-Wollen (Ja, Peter, auch du! Wozu muss ein schöner junger Mann wie du Tandem springen aus viertausend Metern Höhe?!!).

Ich bin wirklich froh, dass für mich das ganz normale Leben schon ein Abenteuer ist und eine Herausforderung. Ich brauche keine halsbrecherischen Leistungen, um mich zu spüren. Gott sei Dank!

Draußen beginnt es zu regnen, leise und zart.

Hoffentlich nicht wieder so ein Zementregen aus der Sahara wie neulich. Wir konnten gerade wieder durch die Autoscheiben gucken und das Schlimmste war abgeblättert. Auf jeden Fall scheint es ein guter Tag zu sein, um ein zweites Mal nach Rethymnon zu fahren, über das ich ja eigentlich hatte erzählen wollen (und nicht über zwei lebensmüde deutsche Kajakfahrer). Also, die Venezier bauten diesen schönen Hafen (bisschen stürmisch dort!), bevor sie von den Türken vertrieben wurden. Die verliehen der Stadt dann ihr orientalisches Flair mit Moscheen, Minaretten und engen Gassen zwischen verschlossenen, hohen Häusermauern fast wie in Marrakesch oder in der Altstadt von Dubai. Über Istanbul kann ich mir kein Urteil erlauben, da war ich ja (noch?) nicht.

Jedenfalls – Souks, allüberall. Das übliche Angesprochenwerden aus Restaurants und Geschäften. Es nervt mich immer noch, und nach den Tagen der dörflichen Stille und Ruhe fühlte ich mich von all dem Trubel ohnehin total überreizt (Ralf ebenso, was nicht sehr einfach für unser Miteinander war!!). Alle schienen sich auf ihre Art fein zu machen und zu flanieren in ihren schönsten Sachen mit ihren liebsten Partnern an der Seite – für den Sonntagabend. An der Hafenpromenade mit Palmen war klar: Die Nacht beginnt erst!

Wir fanden die mutmaßliche Meetingsadresse – montags fünfzehn Uhr – und eine kleine Burger-Bar, wo wir im ersten Stock (oben, auf einer zur Straße hin offenen balkonartigen Terrasse, auch ganz ähnlich wie in Marrakesch!!) Platz nehmen, Salat mit Pommes essen und das Treiben genüsslich betrachten konnten – wie damals im November/Dezember 2012 aus sicherer, ungestörter

Entfernung. Das tat wohl nach dem Bad in der Menge einer bislang unbekannten und verwirrenden Stadt.

Warum schreibe ich – wo ich doch längst weiß, dass Worte nicht das Wesentliche sind, und dass es vielleicht nie jemand liest in dieser Menge, Fülle; dass ich literarische Aufmerksamkeit nicht erzwingen kann? Warum also tue ich das, immer noch und immer wieder, jeden Morgen an jedem einzelnen neuen Tag?

Schreiben ist für mich Leben.

So, wie ich mich gesund fühle, wenn ich zu Fuß lange Strecken ohne Schmerzen laufe, so fühle ich mich lebendig, wenn ich schreibe. Ich erledige dann meine Aufgabe, ganz einfach. Ist sie gut, ist sie schlecht? Keine Ahnung. Wer will das bestimmen?! Ich gebe mein Bestes, so wie die Galanakis hier in Rodakino. Mehr geht nicht. Mehr als das Beste eines Menschen? Nee. An dieser Stelle denke ich an Gisela Steineckert, die mal zu mir gesagt hat: „Das, was du tust, deinen Dienst an der Literatur verrichten, deine Liebe leben, dabei trocken bleiben, das reicht für eine Frau für ein Leben." Sätze von Gisela sitzen tief in mir. Sie bleiben mir erhalten. Diese Frau hat mich eben wirklich erreicht, in meinem Kern.

Dienstag, 3. Juni 2014 in Rodakino auf Kreta

Oh Mann, wie HERRLICH!
Und Wetter ist ganz egal. Drei
Tage lang soll es jetzt eher bedeckt
sein – na und! Erstens haben wir so die Lust, auch mal Auto zu fahren, und zweitens wurde es in meiner

Lieblingsstadt Rethymnon dann doch heiß. Die Leute haben jedenfalls gebadet an der endlos langen „Copacabana", die wir bestimmt anderthalb Stunden lang abstiefelten – und etwas oberhalb auf der befestigten Promenade dann wieder zurück. Sand treten, barfuss, ist unheimlich gesund, aber anstrengend!!

Bin gespannt, was wir heute tun. Die Insel ruft ja nach uns, auf dass wir sie erkunden.

Wenn wir alles tun würden, was die Leute in den Läden, im AA-Meeting, aus den gastlichen Familien uns empfehlen, dann müssten wir tatsächlich diesen ganzen Sommer über hierbleiben und hätten immer noch nicht alles entdeckt. Mir schwant, wir müssen wiederkommen. Es lässt sich nicht verhindern.

Also Rethymnon. Ich wollte da unbedingt wieder hin, ich liebe den exotischen, lichten Charme dieser Stadt. Als wir gestern losfuhren, brachen auch Vangelis und seine Mama Anna auf; der Sohn musste wieder in die Schule – zum Leidwesen seiner Mutter! Ach ja, Mütter und Söhne! Das alte Thema – ein eigenes Kapitel. Wir sprechen nicht dieselbe Sprache, aber wir sahen uns in die Augen (ich bin bestimmt die Ältere von uns beiden), und dann streichelte sie meinen Arm, standen wir so da, Seite an Seite und deuteten eine Umarmung an. Alles war klar: Der Junge, dem sie noch das „Sandmännchen" aus dem Augenwinkel wischt, und der es gnädig-gutmütig geschehen lässt, er muss wieder fort von ihr. Sie fährt ihn wenigstens selbst, das lässt sie sich nicht nehmen. Und so begleiteten wir einander auf der Fahrt über die Berge, durch den düsteren, ehrfurchtgebietenden Canyon Kotsifou, verloren uns irgendwann ein letztes Mal durch Autoscheiben winkend aus den Augen – und in der Stadt fanden wir wundersamerweise einen Parkplatz oberhalb von Old Town. In einem Internetcafé voller gelangweilter Jugendlicher tranken wir Espresso, um dann zu Fuß in den „Souk" zu gehen, die vielen Häuser mit ihren ziselierten Erkern zu bestaunen.

Ein blaues AA-Schild zeigte uns mitten im Getümmel der Einkaufszone den Weg „nach Hause", in einem fremden Land in ein vertrautes Meeting. Wir waren zu siebt. Joana aus England, John aus Irland, Jens aus Schweden (the founder of AA in Kreta; der Gründer der Gemeinschaft hier), Mariana aus Dänemark, einunddreißig Tage trocken, eine junge Schottin, deren Name mir später wieder einfällt, die achtzehn Monate im Programm ist, Ralf und ich. Die Frauen guckten auf mich, die Oldtimerin! „Keep coming back, it´s worth it", sagte ich zu Mariana am Schluss, und sie nickte: „I know. But you have the experience."

(Für alle Nicht-Englisch-Sprechenden: "Komm wieder, es ist die Sache wert", habe ich gesagt. „Ich weiß", hat mir Mariana geantwortet. „Aber du hast die Erfahrung.")

Welches Glück, dass es tatsächlich so ist; dass ich all diese Jahre trocken und clean sein darf. Danke.

Und warum finde ich nun ausgerechnet in der bislang schönsten Stadt hier diesen Laden, der indische Kleidung, Schmuck und Tücher verkauft? Kurz waren wir drin, und ich bekam meinen üblichen „Flash"…

„Wir müssen erst ins Meeting gehen", sagte ich zu Ralf, „uns den göttlichen Segen abholen." Dies war zu stark, um es gleich zu entscheiden; die ganze Hippie-Flower-Power-Generation auf engstem Raum!! Ich musste einen Abstand herstellen, um sicher sein zu können, nicht einer Sucht zu verfallen. Also Meeting.

Spazierengehen. Sand-Strand-Wandern und Stapfen an der griechischen, kretischen Copacabana. Danach erst suchten wir dieses Geschäft namens Dream Fashion (Traum-Mode) noch einmal auf. Oh ja, der Name ist Programm. Wir plauderten mit der Verkäuferin, während ich verschiedene Teile anprobierte, zu denen sie und Ralf entweder nickten, neue Vorschläge machten oder entschieden die Köpfe schüttelten. Auf dem Etikett steht, worum es geht; um nichts Geringeres als „to keep the old handcraft alive". Das alte Handwerk am Leben zu erhalten. Was soll ich sagen! An uns liegt es nicht.

Griechenland unterstützen, Indien unterstützen – für mich ist es in Ordnung so.

„Wer soll denn diese Sachen tragen – wenn nicht du?!", sagte Ralf mit Anspielung auf meine zarte Figur (Hach! Dankeschön auch!). Als hätte er mich noch überzeugen müssen, fügte er hinzu: „Irgend etwas musst du dir mitbringen nach Hause, von hier." Schon zur Erinnerung.

Das Zimmer mit dem Himmelbett in der Villa Braou nimmt langsam meine Färbung an: Tücher, Stifte, das Tagebuch; vor dem Spiegel neben der Haarbürste eine Zeitschrift „Happinez" – und nun also auch noch zwei neue indische Tuniken, au weia und Hurra!, die ich , sie zelebrierend an Kleiderbügeln mitten im Raum aufgehängt habe. I love it!

God help me. Aber ich habe IHN ja im Verdacht, dass ER mich genauso haben will: So glücklich und voller Lebensfreude. Es ist ja nicht nur für mich. Es ist auch für Ralf, für Anne, für die Newcomerinnen im AA-Meeting, für Anna Galanaki, für die junge Frau in dem gefährlichen Laden. Sie hat uns geliebt, als wir hereinkamen, sagte sie. Wir hätten gelacht und etwas ausgestrahlt, wo andere verbiestert und streng gucken. Sie haben doch Urlaub, sagte sie fassungslos. Wie müssen sie dann wohl erst werktags aussehen!

Wir jedenfalls seien nicht „alt", wie wir hatten behaupten wollen. Für sie seien wir zeitlos jung und gute Leute. „The secret is love", rief ich ihr aus der Umkleidekabine zu, wo ich in indischen Stoffen und Farben und Mustern badete. Das Geheimnis ist Liebe. Man spürt es! Sie sehen es. Und sie spiegeln all das Schöne zu uns zurück.

Glück und Liebe, Freude und Innigkeit werden auf der ganzen Welt verstanden. Und draußen zirpen die Grillen dazu.

Deutschland ist ein zynisches Land. Verkopft und intellektuell betont. Das ist noch nicht der Weisheit letzter Schluss. Die Welt vermischt sich ja auch deshalb so fröhlich und unverdrossen, damit – hoffentlich – eine Höhere Balance hergestellt wird, in the end.

Anne hat aus ihrem Studium eine griechische Freundin, wie Vangelis vielleicht deutsche Freunde hat und eben total gern in Verolina ist, in Berlin. Alles Gute auf Erden geschieht mehr durch Ausstrahlung denn durch Werbung. Lieber Gott, bitte lass mich immer wieder ein Teil der guten Strömung auf der Welt sein – mir selbst zum Wohle und zugleich anderen zum Nutzen. Danke.

Ralf muddelt in der Küche, ich bekomme langsam Hunger.

(nach dem Frühstück) Von Ralf hat heute ein Prediger Besitz ergriffen; er doziert in blumiger, poetischer und bilderreicher Sprache vor sich hin. Ich bin so faul, ich möchte diesen Zustand lieber Meditation nennen.

Für viele Leute ist das vielleicht sogar so! Sie wollen im Grunde lieber gar nichts tun und verschleiern das mit tiefen Absichten spiritueller Art.

PS: Ralf hat über Nacht einen blöden Ausschlag an den Armen bekommen.

Mittwoch, 4. Juni 2014 in Rodakino auf Kreta

 Ein Zahntraum und ein selbstverordneter Ruhetag wegen „Signalen" unserer Körperchen…

Die muss man ernst nehmen, finde ich, so fröhlich diese Tage auf der Insel der Götter auch sind. Ich habe gestern zum ersten Mal das Autofahren nicht vertragen und diagnostiziert, dass ich die vielen überwältigenden Eindrücke nicht mehr verarbeiten kann. Ich sage: „Oh! Schön!", aber es kommt kaum noch bei mir an; es ist zuviel. Dazu die Sorge um Ralf, der denselben Ausschlag hat wie damals, 2009 (es juckt fürchterlich, sagt er) – und alles, was sonst noch in mir arbeiten mag. Im Traum war ich wieder bei meiner früheren Zahnärztin, die mir das ganze Gebiss „zerwürschte" (Thüringisch für „kaputtmachen"), so dass ich am Ende bar-kieferig und verzweifelt zurückblieb. Diese Zahnärztin steht für meine Vergangenheit. Und Zähne bedeuten Kraft. Oh ja, dieser Tag gestern hat an meiner Kraft genagt, aber jetzt fühle ich mich wieder ganz wohl. Danke. Die gute Moussaka aus einer Taverne an der lauschigsten Bucht am Meer in Plakias hat es nicht ganz auf die Zielgerade geschafft. In der allerletzten Kurve musste ich aus dem Auto springen und sie doch „hergeben". Eigentlich hatte sich eine Migräne ja schon früh am Morgen beim Tagebuchschreiben angedeutet. Ich wollte nur nicht vor ihr kapitulieren; manchmal löst sie sich ja wieder auf „by doing", also, indem ich einfach weiterlebe. Gestern jedoch leider nicht. Also waren wir losgefahren, bei schwülem, trübem Wetter. Später kam ein Mittelmeeressturm dazu. Ob es vielleicht der war, von dem meine Mutter mir immer erzählt hatte? Es blieb dabei den ganzen Tag so warm – um die neunundzwanzig Grad – dass ich mit meiner neuen federleichten indischen Tunika prima angezogen war und keine Jacke brauchte. Man kann schon sagen, es herrschte Migränewetter, innen (der Wechsel!) und außen. Wenn man den Weisen glauben darf – und ich tue das ja – dann ist sowieso alles Eins, innen wie außen. Tja! So bemerkte ich, wie gesagt, schon beim Losfahren: Heute wird es problematisch. Ich bat Ralf um eine Pause in Plakias; und wir liefen auch dort, wie gestern in Rethymnon, den ganzen langen Strand ab, bis zur letzten Bucht, in der sie Szenen aus „Robinson Crusoe" drehen könnten – wie er auf der einsamen Insel anlandet. Zwei deutsche Touristinnen schwammen nackt hinaus. Ein Bus voller mächtiger Russinnen in Bikinis hielt an. Juchzend sprangen die „Mädels" in die Fluten und zogen sich artig in den dafür vorgesehenen, extra am Strand aufgestellten Kabinchen, den „Changing Rooms", um. Ich wollte nur laufen, meine Füße im Sand kühlen, trainieren und den Druck im Kopf loswerden. Etwas essen – nichts essen? Man weiß es nicht.

Wir probierten es mit Linsensuppe (Ralf) und Moussaka (ich) in jener schon erwähnten Taverne. Immerhin: Viele Stunden lang blieb mir diese Mahlzeit ja erhalten! Das verdient ein ausdrückliches Dankeschön.

Ralf fegt die Terrasse und ruft mir von draußen gerade zu, dass der Sturm von gestern wieder ganz viel Sand aus der Sahara durch die Gegend getragen hat. Afrika lässt immer wieder grüßen. Hallo Afrika! Hallo Marrakesch und auch Dubai! Ich grüße euch herzlich zurück.

Moussaka ist übrigens ein Auflauf aus Auberginen, Tomaten, Kartoffeln, Paprika „grün" mit einer flauschigen Decke aus Ei und Feta-Käse, vermutlich. Mir wurde klar, dass ich Moussaka auch schon im Flugzeug von AEGEAN-Air verspeist hatte; da wusste ich bloß noch nicht, dass dieses Gericht so heißt. Moussaka. Klar. Als Berlinerin kenne ich den Begriff aus griechischen Restaurants, aber gegessen hatte ich so etwas dort noch nie. Gestern hat es mir jedenfalls geschmeckt, nur mein Gesamtzustand und das Autofahren sprachen dagegen. Und Ralf hatte gerade gestern solchen Spaß am Herumkurven und Die-Insel-Erkunden!! Ich übte mich im Komrpomisse-Schließen, und das werde ich immer wieder tun. So durchstreiften wir die nicht beschreibbare Landschaft von Kretas Süden, kamen in einen weiteren Canyon und wieder hinaus. Zum Glück!

Ich bin oft sehr ängstlich in der wilden, unwägbaren Natur und will meine Lieben beschützen. „Wer hat dir das bloß beigebracht?", fragte Ralf, der mich für übertrieben vorsichtig hält. Vielleicht niemand? „Du siehst mehr als andere", sagt er ja auch über mich. Ich sehe Phantasien; Bilder überlagern sich – dazu mein mir einprogrammierter Mutterinstinkt, den ich heute ja akzeptieren kann. Ich muss nicht mehr betont mutig sein, bloß, um „anders" zu sein als meine überängstliche Mutter (die das vermutlich auch nicht mehr ist, mit ihren vielen, vielen weiten Reisen). Und so stelle ich mir vor, Ralf will nach dem Fotoapparat greifen, der sich selbständig macht, achtet für eine Sekunde nicht darauf, wo er auf all dem losen Geröll hin tritt – und… schon ist es geschehen; ich kann ihn nicht halten!

Onkel Günters Ende hat uns doch alle gelehrt, will mir scheinen, was eine Sekunde der Unachtsamkeit bewirken kann. Einmal auf einer alpinen Serpentine aus dem Auto ausgestiegen und die Straße überquert, während ein Motorradfahrer angerast kam. Das hat genügt. Der Onkel ist nie wieder wirklich wach geworden. Nach sechs Wochen starb er, und ich war sehr betroffen. Traurig.

Und so will ich achtsam sein; auch wenn das auf DAS MÄNNLICHE manchmal übertrieben wirken mag. Die Angst hat mich ja nicht im Griff, sie blockiert mich nicht mehr. Sonst wäre ich ja gar nicht hier. Ich bin aber hier – und ich liebe es, hier zu sein mit Ralf. Wir kommen bestimmt zurück auf diese große, endlos zu erforschende wilde und ursprüngliche Insel. Ich glaube nicht, dass dies schon unser letzter Besuch auf Kreta war, Insch´Allah.

Die Leute am Nebentisch in der Taverne sagten, die letzte Mai- und die erste Juniwoche hier sei die beste Zeit, danach wird es zu heiß. Nächste Woche werden wir ja sehen, spüren, ob das stimmt. Danke, dass ich hier sein kann; dass wir das Geld, alle inneren und äußerlichen Möglichkeiten dazu haben. Nichts davon ist selbstverständlich. Ohne meine Trockenheit wäre es gänzlich unvorstellbar.

Die Leute am Nebentisch köpften ein Fläschchen und tauschten Erinnerungen von „nach der Wende" aus. „Ossis", sagten Ralf und ich wie aus einem Munde. Ein einziges Wort (die Wende) hatte sie enttarnt.

Wir fuhren also durch wildromantische Landschaft, in der ich mir Zeus ganz ohne Mühe vorstellen kann. Unsere Route führte über Myrthias, Silla (Bischofssitz mit fünfundzwanzig Wasser speienden Löwenköpfen im Ort, die feinstes, frisches Quellwasser spenden) nach Agia Galina, einst ein kleines Fischerdorf – und nun voller Hotels, als seien sie gewachsen, über und über an den steilen Hängen. Ikarus hat hier seine Flugversuche unternommen. Woher nahm er den Mut?

„Ralf liebt dich" sei auch noch eine wichtige Erkenntnis des vergangenen Tages, die soll ich nicht vergessen zu erwähnen, ruft mir an dieser Stelle der „Gärtner" von draußen zu. Darüber will ich noch mehr wissen! Da frage ich nachher noch mal nach…

Aber ich war bei Agia Galini, einem Ferienort, wie er beschaulicher und malerischer nicht sein könnte. Robert Redford grüßte mich aus einem versteckten Appartement; auf dessen Balkon schnürte er sich gerade neben seiner Frau die Wanderschuhe zu. Ein verständnisinniger Blick – alles klar. Wir sind beide inkognito hier und wollen ungestört sein. Ich habe ihn nicht verraten und er mich nicht.

„Rich and famous" heißt eine Bar in Plakias, „Reich und berühmt". Ich musste lachen, als ich das las. Ja, alles nur eine Frage der Definition. Wir ließen Robert Redford in Ruhe Urlaub machen und er-liefen uns auch diesen Strand, diesen mehrstöckigen Ort. Am Denkmal für Ikarus und seinen Vater Daedalus mit ihren zerbrochenen Flügeln dachten wir wieder an die AA-Freunde aus Salzburg mit ihren Papierflügel-Symbolen (sie kleben weiter vorn in diesem Tagebuch), die sie verteilt hatten, um uns alle zum nächsten Ländertreffen in ihre schöne Stadt einzuladen. Gemeinsam intonierten wir deren dazugehöriges Lied voller österreichischem „Schmäh": „Mit oan Flüagl konnst net fliagn." Mensch, Ikarus, das hättest du doch auch wissen können! Aber dann wärest du natürlich auch nicht so berühmt geworden, schon klar. Einer ist immer der Erste. Und Vangelis, der Sohn unserer Vermieter, will Pilot werden. Den Namen Vangelis Galanaki wird man sich vielleicht auch merken müssen.

Kurzer Stromausfall an dieser Stelle, gleich wieder behoben. Sofort gingen batteriebetriebene Notlampen in der Villa an. Alles ist organisiert für uns Touristen.

Nun kennen wir also einen weiteren herrlichen Flecken auf diesem Eiland, wo man auch Urlaub machen könnte, falls man viele Menschen nicht so scheut wie Ralf und ich. Dort, in Agia Galini, gibt es sogar Yoga-Sessions, dreimal die Woche. Schicke junge Leute saßen an der Bar und schauten träge um sich in ihren Edel-Sport-Klamotten. Ich fürchte mich vor Yoga-Lehrern, die eitler sind als ihre Schüler, und die ihre tollen, gestählten Körper den Ferienplinsen vorführen wollen. Ich will Pilates-Thomas auf Mallorca damals vor drei Jahren nicht unrecht tun, aber ich würde heute so einen Kurs nicht mehr mitmachen wollen. Damals musste ich es mal probieren, um gegen Gewohntes zu rebellieren und meinen Blick zu weiten. Inzwischen übe ich selbst, aus eigenem Antrieb und manchmal auch Seite an Seite mit Ralf hier auf unserer Braou-Terrasse. Ich will mich von niemandem mehr dressieren lassen – oder gar „abrichten" zu einem perfekten Wesen. Mir genügt es, Mensch zu sein. Am liebsten der Mensch, als der ich ursprünglich gedacht war. Ich habe mich ja schließlich nicht selbst gemacht.

Mittags: Wir fahren mit Ralf zum Arzt… Der Ausschlag ist alarmierend!

Neunzehn Uhr, wieder zu „Hause", in der Villa Braou:
Es ist „nothing serious", sagte der Arzt, nichts Ernstes. Ein sympathischer griechischer Mann in Plakias. Wenn ich ihn richtig verstanden habe, dann tippt er auf Bettwanzen und eine allergische Reaktion darauf. „Change bed", ist sein Rat. „Wechseln Sie das Bett." Also kehrt Ralf zu mir zurück, anstatt im Wohnzimmer an seinem offenen Fenster zu übernachten. Wir bekamen eine Salbe, die das Jucken lindern soll und es offenbar auch tut, um nach der ersten Anwendung vorsichtig zu urteilen. Dazu ein Antihistaminikum und Cortison. Ralf soll die Tabletten fünf Tage lang einnehmen, jeweils eine – dazu dreimal am Tag die Salbe auftragen, zwei Tage lang nicht baden und keinen Alkohol trinken. Der gute Doktor wollte nicht glauben, dass wir das sowieso nicht tun. „Holidays without alcohol?", fragte er ungläubig. Tja. Tja, tja, tja.
Weitere Details morgen. Heute: Entspannung.

Donnerstag, 5. Juni 2014 in Rodakino auf Kreta

Jetzt kommt das schöne Wetter zurück – und Katrin & Ralf schlafen wieder in einem Bett, ganz gut sogar! Danke!
It is nothing serious.
Das war gestern der schönste Satz des Tages vom griechischen Arzt in Plakias. Es ist nichts Ernstes.

Zuvor hatte Ralf viel telefoniert, mit der Ärztekammer, der Krankenversicherung zu Hause, mit Praxen und einem groben deutschsprachigen Doc in Rethymnon, der uns recht herrisch abfertigte. Wenn es Masern seien oder Windpocken, dann wären die ziemlich gefährlich für Erwachsene, und er müsse eine heftige Injektion setzen. Möglicherweise Lebensgefahr, bellte er uns an und ließ uns kaum zu Wort kommen. Wir waren reichlich ratlos.

Dann sagte ich: „Komm, lass uns doch einfach da hin fahren, wo so viele deutsche Urlauber sind, ins nächst gelegene Plakias. Dort muss es einen Arzt geben oder wenigstens eine Apotheke, in der sie uns einen Tipp geben können." Ich glaube sowieso immer mehr an das Direkt-Zwischenmenschliche als an die indirekte Kommunikation über elektronische Medien, ganz besonders in solchen Notfällen. Also fuhren wir los – ich konnte auch wieder ins Auto steigen! – und erreichten Plakias gerade, als die Mittagspause des Arztes begonnen hatte, kurz nach dreizehn Uhr. Um siebzehn Uhr sollte es wieder weitergehen. Na ja. Wir entschieden uns für das Dableiben, setzten uns auf eine Bank an der Strandpromenade und schauten auf das aufgewühlte Meer. Ich hadere überhaupt nicht mit dem Wetter; wie Ralf nehme ich es, wie es kommt und mache das Beste daraus. Der verordnete – selbstverordnete – Ruhetag fand nun also am Strand von Plakias statt. Verschiedene Menschen setzten sich zu uns und gingen wieder fort. Brigitte aus Berlin, die in London lebt und schon seit vierundzwanzig Jahren nach Kreta kommt, immer in denselben drei Wochen. Sie sprach eine herrliche Mischung aus „Balinerisch" und Englisch; ich hätte ihr stundenlang lauschen können. Wie sie erzählte, dass sie wegen der Liebe nach Großbritannien gezogen war, viele Jahre dort glücklich mit ihrem Mann lebte, bis dieser leider verstorben sei. Er habe sie wohl situiert zurückgelassen, so dass sie reisen könne und sich keine Sorgen machen muss. Wenn wir dort drüben im Hotel nach ihr fragen, dann bekommen wir einen Espresso gratis. Brigitte kennt hier jeder, und wer ihr Freund ist, ist auch aller Freund. Sagte sie.

Dann kam eine verschlossene Norddeutsche, deren Kinder in einer der neuen Wohnungen im ehemaligen Knast Berlin-Rummelsburg wohnen. Du sitzt auf Kreta am Meer – und die Weltstadt Berlin, unsere Heimat, ist ganz nahe. Diese Frau von der Waterkant hatte schlechte Laune wegen des Klimas. Gleich müsse sie abreisen, und kaum einen Sonnenstrahl habe sie erlebt. Dabei habe sie doch extra Badeurlaub gebucht. Ich stelle mir vor, wie sie hinterher ihr Reisebüro verklagt wegen der fehlenden Wunschtemperaturen in ihren kostbaren Ferien.

Ralf wollte nur sitzen und die Steine beobachten, die von den Wellen in einem sanften Rhythmus bewegt wurden. Hin und her und her und hin. Es entstand ein „roarendes", feuerwerksartiges Geräusch dabei. Rolling Stones. Ob die Musiker bei einer ähnlichen Gelegenheit auf ihren berühmten Bandnamen gekommen sind?…

Zwischendurch tat ich einen Spaziergang durch den Ort und fand einen Aufkleber (ein paar Seiten weiter in diesem Tagebuch). Ralf wollte nur sitzen und gucken. Er tat mir so leid in seiner Qual. Ich vermag mir nicht vorzustellen, wie sehr ihn seine Pusteln gejuckt und gedrückt haben mögen. Er klagte nicht. Das tut er nie.

Der Ausschlag bedeckt nun sogar sein schönes Gesicht. Ach, wenn ich ihn doch weghexen könnte!

Keinen Augenblick würde ich zögern und es für ihn tun. „Hex, hex!"

Pünktlich standen wir vor der Arztpraxis, und ein Sympath fuhr mit seinem Pickup vor.

Ich dachte noch – und sprach es auch aus – dass ein Arzt, der sich eine so ausgiebige Siesta gönnt, mir Vertrauen einflößt. Allerdings kam er gerade von einem Patienten, wie er dann sagte. Vielleicht macht er also Hausbesuche und hat gar keine so lange Mittagspause. Wie auch immer. Wir mochten ihn beide sofort. Er warf einen Blick auf Ralf und fragte mich, ob wir im selben Bett schlafen. Ich schäme mich immer noch ein wenig, unser Getrennt Schlafen öffentlich zuzugeben und antwortete ausweichend. Ralf deutete ein Schnarch-Geräusch an und sagte die Wahrheit. Der gute Doc nickte. „It´s animals, nothing serious. No children disease." Gott sei Dank! Es sind kleine Tierchen, nichts Ernstes. Keine Kinderkrankheit.

Die Erleichterung griff sofort um sich, und meine Migräne sagte: "Hallo!" Eine paradoxe Reaktion. Vielleicht eine Form von Druckausgleich.

Total fröhlich fuhren wir zurück nach „Hause", um eine kühlende Salbe und zwei niedrig dosierte Histaminika reicher. Antiallergika.

Warum bin ich keine Ärztin geworden, schoss es mir durch den Kopf. Weil ich es mir gar nicht zugetraut hätte, sagt derselbe Kopf als Antwort. Außerdem war es nicht in mir. In mir war das Künstlerische, das Literarische. Dass ich nun auch ein Interesse am Heilenden entwickelt habe, ist Privatsache und bedarf keiner Ausbildung im Außen. Ich gebe nur mein eigenes Beispiel ab; versuche, mich selbst zu studieren und kennenzulernen – und wer sich davon etwas abgucken will, der soll es gerne tun. Aber gestern wäre ich schon gern Ärztin gewesen wie meine Schwester und hätte meinem Mann geholfen. So war ich „nur" da, an seiner Seite und habe ihn im Stillen bewünscht – und meine Geister hinzugebeten.

Der Abendspaziergang, in kühlender, fächelnder Luft ans Meer und zur Taverne „Nikos & Anna" war die reine Wonne. In aller Ruhe schlenderten wir zum Essen, sahen am Strand (Korakas Beach), wie das Wasser hoch auf den Sand gestiegen und alle Liegen fort geräumt war/en. Kein Badewetter in Rodakino! Nicht so schlimm; Ralf soll sich sowieso zwei Tage lang zurückhalten damit, und ich habe Respekt vor der Kraft des Meeres. Ich lasse heute einfach wieder Sonne an meine Haut. Wärme vertreibt auch die Bettwanzen, hat der Doktor gesagt. Falls es welche waren; Bettwanzen meine ich …

Tom Hanks bedient in der Taverne „Nikos & Anna", das hatte ich noch gar nicht erwähnt. Robert Redford in Agia Galini, Tom Hanks in Rodakino. Ich „sehe" wieder Promis undercover – wie damals bei der „Stadtstreicherin 1". Die Art, wie Tom Hanks seinen Rosenkranz in der Hosentasche seiner Jeans trägt! Die Quaste am Ende der Perlenkette hängt heraus; und sobald eine Wartezeit entsteht – gestern schaute er zum Beispiel nach dem Auto mit seiner schwangeren Frau und der kleinen Tochter aus – greift er nach dem Hilfsmittel und dreht es in einer Hand, spielt damit, wie zur Erinnerung an Gott, an die Größere Unterstützung. Seine Familie traf unversehrt ein, der Rosenkranz verschwand wieder am nämlichen Ort in der Jeans-Hosentasche. Tom Hanks tat weiter seine Arbeit. Ich kann das gut verstehen, dass Menschen sich nach

„oben", nach „innen" oder wohin auch immer rück-
versichern. Ich tue das ja auch; und ich weiß genau,
warum. Bereitschaft ist alles, sagt der sechste AA-
Schritt, der Juni-Schritt! Ich gehe nirgendwohin mehr
ohne Gott, so wie ich IHN für mich verstehe.

Bitte – danke, lieber (Oliven-)Baum.

Und vorsichtshalber noch ein tief brummendes,
summendes „Omm" dazu.

Freitag, 6. Juni 2014 in Rodakino auf Kreta

Meine Hände, Unterarme krabbeln wie Hölle und sind voller
kleiner Stiche. Ralf scheint langsam zu heilen; er hat
gute Laune. In unserer Schlafzimmersteckdose steckt
jetzt eine elektronische Pheromon(?)-Falle, die Anna
uns gestern gab, nachdem sie über zwei Stunden lang
das ganze Haus geputzt und gewienert und sogar ihre
Mutter zu Rate gezogen hatte. Wir gingen in dieser Zeit
spazieren, nach oben bis zum weißen Haus auf dem
Berg und auch vom Strand wieder hoch, nachdem uns
die Dame aus der Korakas Beach Bar in ihrem Pickup
spontan mit nach unten genommen hatte. Ralf spielte
ein wenig „Wildwest" und hockte sich auf die Ladefläche!

Wir konnten erst wieder zurück in die Villa „Braou",
nachdem Anna sie vollkommen auf den Kopf gestellt
hatte. Sie war wie erwartet untröstlich, dass hier – in
ihrem Ferienhaus – Viecher sein sollen, die uns Gäste
so attackieren, dass wir aussehen wie Streuselkuchen.

59

„Wir müssen ehrlich sein", hatte Ralf gesagt. „Wir müssen es ihr sagen." Und so folgte ein Gespräch mit Vangelis als Übersetzer (der junge Mann, der Jans oder Philipps Bruder sein könnte, lernt gerade zu Hause für irgendwelche Prüfungen), das an Diplomatie nichts zu wünsche übrig ließ und auch auf politischem Parkett kaum mehr Sensibilität und Fingerspitzengefühl hätte erfordern können. Wir wussten ja, wie Anna ist; dass sie sich ohnehin schon für jede Kleinigkeit entschuldigt.

Mit Bettwanzen (Moskitos, vermutet Vangelis) oder Flöhen stünde ihr ganzer Ruf auf dem Spiel. Aber ich stimmte Ralf zu, obwohl ich mich innerlich wand und fremd schämte: Wir mussten es ihr sagen – auch die Botschaft vom Doktor aus Plakias. Es folgte der fast erwartete Schock, dann die gewaltige Putzaktion – und schließlich der Tipp mit der Insektenfalle in der Steckdose. Ach ja: Wir sagten ihnen auch, dass wir schon einen Tag eher abreisen müssten als gedacht – und sie wollten uns das Geld für die letzten vierundzwanzig Stunden zurück zahlen. Aber Ralf, der Großzügige, wehrte ab. Sie könnten ja schließlich nichts dafür, sie hatten keine Chance, ihr Haus anderweitig zu vermieten.

Ich will meine Haare waschen! Ob da noch Flöhe drin sitzen wie in einem Hundefell?

Tja. Man will „organic" (das Touristen-Zauberwort, auch hier) mit der Natur zusammen leben, in der Natur, mittendrin. Aber so dann doch nicht, wenn da drin – in der Natur – Insekten vorkommen, die uns des Blutes wegen attackieren. Ich fühle mich machtlos. Kein Mückenmittel hilft. Wir können nur aushalten, Ruhe bewahren und abwarten. Den „Himmel", die Gardinen um unser Bett, haben wir zugezogen; es sieht jetzt aus wie in den Tropen. Moskitonetze. Immer wieder scheint Afrika, die Sahara, herüber zu grüßen, durch Zementregen, Sandkörnchen, Moskitos (falls es welche sind). Diese Ahnungslosigkeit! Das Gute ist: Nun freue ich mich, wenn Ralf nachts schnarcht oder sich auf der durchgängigen Matratze schaukelnd bewegt. „Er ist da", denke ich froh. „Er lebt!" Gott sei Dank.

(Kopf gewaschen! Oh, die Kühle tut so gut!!!)

Der mobile Muezzin bietet heute Aluminiumstühle an, sagt Ralf. Ich kann mich nicht recht konzentrieren. Vielleicht sind es auch Sandflöhe, grübele ich fruchtlos vor mich hin. Ich staune über die Körperstellen, an denen der Ausschlag auftritt, die dunkelroten Stiche erscheinen. Hände, Unterarme bei mir, ein bisschen Gesicht. Bei Ralf alles außer Brust und Rücken. Darum wusste der gute Arzt auch sofort, dass es keine Masern oder Windpocken (no children disease) sein können, denn dabei wäre der Torso auf jeden Fall befallen gewesen. Tja. Die Wärme, die wir jetzt wieder haben, die sommerliche Hitze, sie wird die Insekten vertreiben, wenn ich den Doc recht verstanden habe. Schau´n wir mal.

Gestern fuhren wir zu einem einsamen Strand (wo uns niemand sehen kann) und lasen uns gegenseitig vor unter einem schattigen Olivenbaum. Das war schön, und das gönnen wir uns vielleicht heute wieder. Wo sollen wir auch hin, so „verpickelt", wie wir aussehen?! Auf längere Autofahrten hat bei dreißig Grad auch keiner von uns wirklich Lust …

Ich denke, ich habe dasselbe wie Ralf, bloß ohne Allergie. Vielleicht irre ich mich auch. Wir werden sehen, Insch´Allah.

Im Traum habe ich einen Freund angeschrieen: „Wir können auch über unsere Süchte und Neurosen hinauswachsen; wir müssen nicht darin steckenbleiben!" Bloß trinken, das können wir nicht. Aber sonst – können wir doch wachsen und leben!! Ich weiß schon, warum ich das geträumt habe. In Oshos Yoga-Buch fand ich gestern den exciting (aufregenden) Gedanken bestätigt, dass es im Leben nur einen Fehler gibt, nämlich den, sich überhaupt nicht zu bewegen, alles zu vermeiden aus Angst, Fehler zu machen. So kann man nicht wachsen. Ich lese das mit Freude, mit innerem Jubel, weil ich diese alte destruktive Haltung für mich abgestreift habe und mich heute zu leben traue. Weil ich etwas riskiere. Danke für die Einsicht und den Mut, sie umzusetzen. Ralf ist genau der richtige Partner dafür, der mich darin unterstützt und nicht locker lässt. Mein Motor. Mein Lehrer. Mein liebster Freund. Was habe ich nur für ein Glück! „Wenn die Haut auch krabbelt, Hauptsache das Herz, es zappelt." Vor lauter, purer Lebensfreude natürlich.

Anna hat uns gestern ein noch ofenwarmes Pita-Brot zum Frühstück mitgebracht, gefüllt mit Feta-Käse und Spinat. Kalt nahmen wir die Reste zum Strand mit und verspeisten sie restlos zu griechischem Bauernsalat. Herrlich! Wir bekamen auch Tomaten und Gurken (organic!) aus Stavros´ Garten. Die Leute sind so lieb hier. Ich will ihnen nicht wehtun, sie nicht in Verlegenheit bringen. Ich neige zum Fremdschämen. Wofür auch immer. Trotzdem bin ich froh, dass wir offen und ehrlich waren. Man muss die Dinge aussprechen und in Freundlichkeit klären. Ich glaube, das ist uns gestern gelungen. Wir haben Vangelis und seine Schwester Maria auch eingeladen, uns in Berlin mal zu besuchen.

Und wir sagten, dass wir wiederkommen wollen; 2015, Insch´Allah. So Gott will. Das Zerstochenwerden nehmen wir in kauf…

What can we do? Nothing. Gelassenheit. Patience. Geduld. Weiter diesen Urlaub genießen. Etwas stiller vielleicht als zuerst gedacht. Man muss wiederkommen! Kreta lässt sich nicht in drei kurzen Wochen erkunden. Auf der Insel der Götter ist die Energie so stark, die Natur so mächtig, dass ich es nicht fassen kann - erfassen. Am besten ist schweigen, staunen, wirken lassen. Auf mich wirken lassen.

Wie sich alles ändert, die ganze Perspektive! Ralfs Schnarchen ist mir jetzt höchst willkommen, sein Sich-Herumwerfen auf unserer gemeinsamen Schlafmatratze ebenso. Gott sei Dank kein allergischer Schock, er lebt, er atmet.

Ich blicke auf meine Arme, in mein Gesicht. Hoffentlich sind es „nur" normale Insektenstiche – und die „animals" haben uns keine Krankheit übertragen. Bitte, lieber Gott. Vorfristig abreisen kommt jedoch nicht infrage, darin sind wir uns einig.

Ralf rät: „Wer betet, muss nicht kratzen." Also: Lass jucken!

Sonnabend, 2. Juni 2014 in Rodakino

Beim Schreiben krabbelt die Handkante. Ich bin total zerstochen.
Aber mir scheint, es kommen nun keine neuen Stiche mehr hinzu. Und der Körper schafft es, sich mit dem Angriff auseinanderzusetzen. (Insch´Allah)

Ich nehme Ralfs Tabletten nicht, denn erstens bin ich ein anderer Mensch als er (jeder reagiert anders) und zweitens habe ich ganz offensichtlich keine Allergie gegen Insektenstiche – so wie er. Ich bin einfach nur zerstochen an den Akren – so wie früher als Kind. Und ich übe mich im Daran Glauben, dass dies nichts ist, was mein System nicht tolerieren könnte. Im Aufwachen aus dem Schlaf krabbelt übrigens nichts! Das heißt für mich: Der Verstand produziert das Jucken. Es ist die eigene Wahrnehmung. Also: Ruhig bleiben. Keine Panik.

Wir schrieben gestern zusammen zwölf Postkarten nach Hause – und liefen dann einträchtig zum stillen Strand, lagerten dort mit neuen Bastmatten (2,80 Euro das Stück), auf denen ich sogar eine kleine Yoga-Sadhana tun konnte mit Blick aufs Meer, unter einem anderen (als vorgestern) uralten, uns freundlich lächelnd beschirmenden Olivenbaum.

Ein Schaf kam uns besuchen und blökte sein Hallo. Dann fraß es in aller Seelenruhe Blätter vom knorrigen Baum und ließ sich von uns nicht dabei stören.

Es müssen auch Sandflöhe beteiligt sein an meinem allgemeinen Krabbeln; ich spüre es an Stellen, die im Bett eindeutig bedeckt sind und nur an der Küste frei herumliegen.

Als wir abends vom Strand zurückliefen, da trafen wir auf die Kajak-Familie vom vorderen Korakas-Beach. Sie nehmen im Flugzeug Treibholz und Steine vom hiesigen Ufer mit, um zu Hause Kunst und Schmuck daraus zu fertigen. Ich habe möglicherweise einen Fehler gemacht: Da es offensichtlich ist, trat ich die Flucht nach vorn an und erzählte von unserem „Ausbruch" auf der Haut. Dabei rutschte mir die Formulierung raus: „…vielleicht etwas in unserem Zimmer…" Nun fürchte ich diplomatische Verwicklungen im Dorf, weil ja jeder mit jedem spricht – und gerade diese Urlauber enge Kontakte zu den Einheimischen pflegen. Tja. Ralf hat mich auch schon ermahnt – und was nun? Ich übergebe diese Angelegenheit bewusst den Mächten. Bitte, regelt IHR das zu unser aller Wohl. Ich danke im Voraus dafür. Ich selber kann da nichts mehr tun; ich würde die Sache nur unnötig „groß" machen, verkomplizieren. Ich weiß genau von mir, dass ich niemandem etwas Böses will. Üble Nachrede liegt mir fern!! Also: Wenn ich einen Fehler machte, gab ich ihn sofort zu. Aus dem zehnten Schritt des AA-Programms. Praktisch angewendet. Das habe ich hiermit getan, auch wenn ich noch nicht einmal so genau weiß, ob es überhaupt ein Fehler war. Dann übergebe ich alles Gott und lasse los.

Es tut mir gut, nicht die Tabletten von Ralf einzunehmen, sondern für mich selbst zu entscheiden. Ich sehe aus wie ein Streuselkuchen, aber ich vertraue auf Besserung, auf Heilung. Was sonst könnte ich auch tun?! Vorzeitig abreisen kommt nicht in Frage, wir stehen das jetzt durch. Nachts aktivieren wir den Mückenstecker von „Pyrox", den Anna uns gegeben hat. Sind es nun Moskitos, Wanzen oder Flöhe – alles ganz egal. Was zählt, ist nur unsere Reaktion darauf. Wir Stadtkinder sind keine echte Natur mehr gewöhnt, das haben wir den Kajak-Bekannten gestern auch gesagt. Haben also alles auf uns genommen; Katzen und Hunde im Dorf erwähnt. So schlimm kann mein „Fehler" also nicht gewesen sein; aber nun Schluss damit! Er ist ja jetzt an Höherer Stelle und nicht mehr bei mir. Natürlich sind die Stiche an der Hand lästig beim

Schreiben. Ich will das nicht „haben", ich weiß auch nicht, warum ich es mir von Ralf „genommen" habe. Ich möchte es fortpusten mit dem Wind an der See. Die kahlen Berge grüßen gleichgültig von oben.

Ralf fegt die Terrasse. Wir haben Pfingsten, habe ich gehört. Bei den Galanakis kommt heute Maria nach Hause, die junge Tochter und Studentin, die den E-Mail-Verkehr mit uns erledigt hat …

Ich glaube, ich kühle nur noch mit Wasser. Kühlen tut unheimlich gut. An die Salbe vom Doc in Plakias glaube ich nicht. Lieber Körper, was tust du? Bildest du Abwehrstoffe? Ralf sieht viel besser aus, im Gesicht ist er schon fast wieder der Alte (ohne Ausschlag, meine ich). Im Tropenbett unter Moskitonetzen zu schlafen, so dicht neben ihm, das macht mir Spaß, und es tut wohl. Verrückt! Wir sind so innig miteinander in all unserer Verschiedenheit, in der Polarität des Männlichen und des Weiblichen, jenem Spannungsfeld, in dem ich so viel lernen und wachsen kann. Danke. Da kommt er auch schon vom Einkaufen zurück, mein Liebster. Er kauft so gerne ein, am liebsten jeden Tag.

Es ist ein „running dialogue" zwischen uns: „Kauf bitte nicht so viel", sage ich. „Nein, mein Schatz, versprochen!", sagt er. Und dann stellt sich heraus: VIEL ist eine Definitionsfrage. Wir verstehen beide unterschiedliche Dinge darunter, und das ist nicht zu ändern. „Wir haben ein Glas Honig im Dorfkonsum geschenkt bekommen", zeigte mir Ralf gerade die Gabe. „Der kleine Jan(nis) hat es mir gebracht. Da hätte ich fast geweint." Sagt Ralf.

Das Gute ist stärker als das Böse. Unser großer Jan hat es ja auch schon mal gesagt, aus der gesammelten Erfahrung seiner internationalen Studenten-Mitfahr-

Fußball-Kumpels: Fünfundneunzig Prozent der Menschen auf der Welt sind gut! Ich neige dazu, das absolut zu glauben.

Es ist nun wieder sehr heiß draußen. Ich will gern darauf vertrauen, was der freundliche Arzt gesagt hat: Dass die Viecher in der Hitze verschwinden. Ich sehne mich nach Kühlgel oder nach Kölnisch Wasser; ich will nichts anderes – mir Unbekanntes – mehr auf die vielen „Pickel" draufschmieren...

Es belastet uns schon. Es ist wie eine Prüfung. Für uns beide. Und jeder für sich.

HAUTAUSSCHLAG.

Was „schlägt" denn da „aus"? Wenn mein Kind das hätte, Anne, Jan; was würde ich tun? Trösten. Kühlende Läppchen auflegen. Wünsche erfüllen. Zu Geduld raten.

Pancha Sahita, die gerade zu Ende gegangene fünfundvierzigtägige Reinigungskur mittels yogischer Atemtechniken, hat uns ja auch wieder bereit gemacht für alles Mögliche, denke ich...

Wir sind so verfeinert. Aber das ist nichts Verkehrtes, gepaart mit Einsicht, Weisheit, Bewusstheit. Ja doch! Was schlägt da aus? Was bricht da durch? Bei uns allen beiden – ausgelöst durch ein harmlos durstiges Insekt...

Ich werde nicht offen für das wirkliche Gebet, so lange ich mich noch nicht vollkommen machtlos, ratlos – so wie jetzt gerade – fühle. Erst dann „gebe" ich „ab", werde ich völlig bereit (6. Schritt des AA-Programms, Bhagavad Gita, Osho – alle, alle stimmen sie in diesem Punkt offenbar überein!!). Die Dakota-Indianer beten an eine kleine Wiesenmaus. Ich sage danke jenem Insekt, das mir aufs Neue Demut beibringt.

PS: Wortlaut des Gebetes an die kleine Wiesenmaus, wie es von den Dakota-Indianern überliefert ist:

„Du, die du heilig bist, habe Mitleid mit mir und hilf mir. Ich bitte dich darum.

Du bist nur klein, aber doch groß genug, deinen Platz in der Welt auszufüllen.

Du bist freilich schwach, doch stark genug für deine Arbeit, denn heilige Mächte stärken dich.

Du bist auch weise, denn die Weisheit der Heiligen Mächte ist ständig bei dir.

Möge ich immer weise sein in meinem Herzen, denn wenn heilige Weisheit mich anleitet, wird sich dieses schattenverwirrte Leben in beständiges Licht verwandeln.‟

Pfingstsonntag, 8. Juni 2014 in Rodakino

Wandern und dabei schwitzen. „Geföhnt‟, gekühlt werden vom warmen Wind – das war eine wundervolle Therapie, für die ich dankbar bin.

Das Jucken ist so gut wie weg; die Stiche zwar noch da, aber klein und hart wie eine Braille-Schrift für blinde und sehbehinderte Menschen. Körpereigene Stoffe wie Schweiß und Blut, das in Bewegung und Sonnenhitze rascher zirkuliert, haben eine positive Wirkung getan. Beim Stiefeln durch die märchenhafte Welt der Imbros-Schlucht (auf griechisch: Gorge Imbros) habe ich kein Handicap an mir bemerkt. Ralf erging es mit sich ganz genau so. Alles konnte still vor sich hin heilen, und das war gut so. Nochmals danke. Ich bin so erleichtert! Die Frage „Was würde ich machen, wenn mein Kind so etwas hätte?" kam am tiefsten aus meiner inneren Weisheit. Ralf hat der Gedanke sofort eingeleuchtet. Was würde ich machen? Trösten, ablenken, Läppchen kühlend auflegen, gut zureden, liebhaben. Ich wiederhole mich, weil mir das so wichtig vorkommt. Im übertragenen Sinne war das diese Wanderung für uns. Die Läppchen legte – wie gesagt – die Natur dieser Bergwelt selbst auf; mit Sonne, Wind und Prana, reinster frischer Lebensenergie. Den Rest tat die Bewegung und unsere körperlichen Reaktionen darauf. Das Glück, dies mit dem jeweils anderen erleben zu dürfen, so staunend, so schön. Nun juckt es nicht mehr, und ich bin um eine weitere unvergessliche Erfahrung reicher. Jetzt fürchte ich mich auch nicht mehr vor der berühmteren Samaria-Schlucht, obwohl dort ja sehr viele Menschen im Pulk gehen sollen. Die Imbros-Schlucht hatten wir auf der Rücktour ganz für uns alleine. Auf dem Hinweg kamen uns noch einzelne Leute entgegen, nicht störend, nur begleitend. Schluchtenwandern auf Kreta – durch zwei „Schluchtenjodler" wie uns (so nennt man ja zuweilen die Thüringer oder auch die Erzgebirgler). Wir starteten um fünfzehn Uhr, als die meisten anderen schon „fertig" waren. Hoch brauchten wir zweieinhalb Stunden, dann rasteten wir in der Taverne bei Greek Salad, Tsatsiki, Oliven und Brot. Zum Nachtisch gab es keinen Ouzo, sondern einen ungiftigen Schneewittchenapfel mit „Gieke", dem kleinen spitzen Schälmesserchen, das wir auch zu Hause ständig in Gebrauch haben, zum ordentlichen Zerteilen der Frucht.

Nun bin ich schon so viel gereist, und ich sehe nirgendwo „Die Griechen", „Die Spanier", Araber, Muslime oder Marrakchi. Ich sehe Menschen. Ich sehe, dass Liebe überall verstanden wird; und dass dieser unsichtbare zwischenmenschliche Draht im Souk von Dubai funktioniert wie hier im Gebirge auf Kreta, wo der Tavernenwirt uns willkommen heißt und grinst ob unseres Appetits.

Um achtzehn Uhr starteten wir zurück und kamen kurz vor zwanzig Uhr beim Auto an, um unsere Schuhe zu wechseln. Ein Wort zu meinen blauen Ecco-Biom-Grip-Tretern: Sie sind jetzt ein wenig weiß bestäubt von den kalkigen Steinpfaden durch diese ehrfurchtgebietende Schlucht. Aber ich muss sagen, es sind herrliche Wanderstiefel – nicht nur für die Stadt. Ich habe es geliebt, in ihnen zu laufen; herab gerollte Strümpfe, nackte Beine, ein dunkelblaues Baumwollröckchen und eine feenleichte weiße Bluse von H&M. Made in incredible India. Ich fürchte, das wird jetzt wieder nicht politisch ganz korrekt sein.

Wir haben es also getan! Und wieder einmal flogen Vorurteile, flog die alte doofe Negativität nur so von mir fort auf weiten dunkelgrauen Schwingen. Flapp, flapp... Was hatte ich nicht alles vermutet! – „Ich werde mich dort erdrückt fühlen, klaustrophobisch gar..." – „Ich wandere lieber am Meer, wo es licht und frei und offen ist ..." – „Ich brauche das nicht zu tun, nur *weil man es getan und gesehen haben muss*, angeblich." – So redete die nimmermüde Unglücks-Unke aus mir, und ich weiß nicht, wie oft nun noch ich sie zu überwinden haben werde. Es lohnt sich jedenfalls, sie immer wieder anzugehen und zu durchlaufen – im wahrsten Sinne des Wortes. Das Erlebnis gestern war ein weiterer Beweis dafür! Von Anfang an fühlte ich mich total verzaubert von Gottes Natur in dieser Gestalt. Keine Spur von erdrückenden Gefühlen; eher ein fasziniertes Staunen ob der Erhabenheit der Berge ringsum; ein Empfinden von Demut (ich kleiner Mensch laufe nur hier durch, ich mache nichts kaputt und störe nicht das Gleichgewicht) und Aufgehobensein in allem. Ein Teil sein, und nicht der Beherrscher. So eine Wanderung ist für mich wie Meditation. Ich laufe eben gern. Zu Hause in Berlin, immer in irgendeinem Kreis. Am Tollensesee in Neubrandenburg. Auf Kreta. Überall! Ralf freut sich: „Du jammerst nicht. Du sagst, wenn du was brauchst – und läufst ansonsten stetig und still vor dich hin." Auf den Smartphone-Videos, die er gemacht hat, sieht man es; wir schauten sie uns am Abend vor der Villa wie „Kino" an. Da zieht ein kleines Wandereumel mit rotem Rucksack seine Bahn. Sie läuft und läuft und läuft – so wie sie lebt: Konsequent, unverdrossen, ausdauernd, in sich ruhend vor sich hin. Ab und zu sieht sie sich um, ob der Gefährte noch da ist. Wenn sie sich dessen vergewissert hat, setzt sie erneut Fuß vor Fuß und läuft und läuft… Von außen sieht man nur ein niedliches Weiblein; man kann es nicht erkennen, WAS alles in diesem Schädel vor sich geht, wie viel Musgrütze sich wälzt. Man sieht nicht diesen unstillbaren Wissensdurst. Man ahnt wahrscheinlich nicht die große Sehnsucht nach Selbsterkenntnis. Ich las ja gestern ein wenig in der Bhagavadgita und werde wohl dabei bleiben. „Du hast schließlich auch den Kurs in Wundern durchgearbeitet", kommentierte Ralf. Der „Kurs" ist, nebenbei bemerkt, im Begleittext zur Bhagavadgita auch erwähnt. Ich tat damals vor ein paar Jahren alle 365 Lektionen, ein volles Jahr lang. Ich kriege in dieser Hinsicht nicht genug. Ich will wissen, will lesen, was große Geister geschrieben haben. Und zum Glück: Ich kann es tun! Ich komme an alle Quellen heran. Auch das ist ein ausdrückliches „Danke" wert.

Geträumt habe ich von meiner (wie immer im Traum!) verunglückten Lesung zum fünften Jahrestag des Cafés. Ich kam zu spät, ich hatte den falschen Text dabei, und dann drang auch noch kein Wort aus meinem Mund, als ich endlich anfangen wollte. Es beschäftigt mich also schon im Unterbewusstsein, das Bevorstehende. Was ja auch nicht anders zu erwarten war. Ich bin, wie ich bin. Tragen werde ich die zweite Tunika aus dem himmlischen Laden in Rethymnon, soviel weiß ich schon. Ist ja eine wichtige Frage der zwischenmenschlichen Kommunikation: „Was ziehe ich an?" Das ist mir nicht erst seit meiner Fernsehzeit klar.

Der diese Möbel hier in der Villa Braou gebaut hat, muss sehr viel Liebe in sich gehabt haben! So viele wohl durchdachte und charmante kleine Details. Ich bürste am Spiegeltisch mein Haar und sehe einen Haken – ein glänzend lackiertes Astende – in Griffhöhe oben rechts neben dem Spiegel. Da könnte ein Zopfhalter hängen, eine Spange, ein Haarband, ein Gummi. Man – frau – bräuchte nicht lange zu suchen beim Frisieren. So ist es überall an diesen selbst gezimmerten Stücken. Alles dient dem Benutzer auf freundlich-unaufdringliche Weise. Und der Künstler versucht nicht, dieses Mobiliar auf Ebay meistbietend zu verkaufen. Er lässt alles hier an Ort und Stelle, und ich erfreue mich daran. Ich kann viel lernen.

Jetzt freue ich mich auf ein Plätzchen mit Spekulatius-
gewürz, das uns die Großmutter, die einäugige Maria
Galanaki gestern beim späten Heimkommen noch
geschenkt hat über den Gartenzaun. Wir waren unterwegs noch in Sfakion gewesen, wo die große Fähre
nach Loutro ablegt und auch wieder anlegt; und in Fra-
gokastelo am Strand. Ralf suchte eine Apotheke für
Zinksalbe oder Penatencreme; fand keine, die noch
offen gehabt hätte – und sprang zum Ausgleich noch
einmal kurz ins Meer ...

„Wait a moment", rief uns Maria aus ihrem dunklen
Garten zu. Dann schenkte sie uns ein vorbereitetes
Päckchen mit den länglichen Keksen und wies sich
selbst auf die Brust. „From me!" Ich habe die gemacht.
Berechtigter Stolz. Obwohl ich kaum noch etwas sehe,
habe ich gebacken. Eine Mama, die einfach „ihr´s"
noch beiträgt. So könnte es gehen.

PS: Der Hinweis auf Ebay soll keine Medienschelte
sein. Ohne die Fotos dieser Möbel in der Villa Braou –
des Schreibsekretärs!!! – im weltweiten Internet hätte
ich den Weg hierher schließlich gar nicht gefunden –
und die starke Motivation zu dieser Reise. Das Netz
trägt wesentlich dazu bei, dass die Kulturen sich so
fröhlich vermischen. Möge das Friedvolle dabei bitte
siegen. Das wünsche ich mir schon mein ganzes Leben
lang, und bis heute musste ich keinen Krieg am eigenen
Leibe erleben. Das soll bitte so bleiben, für uns alle!
Danke.

Ralf sagt, draußen erschließt sich ihm das Wort
sengende Hitze. Sommer auf Kreta! Mit Ralf im
Tropen-Himmel-Beduinenbett zu liegen, das hat etwas
Geheimnisvolles, Königliches.

Abschiedsstimmung macht sich in mir breit, aber die Stiche oder Insektenbisse scheinen zu heilen, Gott sei Dank.

Heute wollen wir nach Chania fahren, ich bin sehr gespannt.

Im Traum habe ich eine verflossene Freundin besucht. Sie hat sich aber nicht für mich interessiert, ihr stand schon wieder irgend eine Operation bevor, und sie hatte eine neue Freundin um sich, die sie besser verstanden, bemitleidet und betuttelt hat als ich. Bloß nicht zu gesund werden für das Renten-Amt! Ja, ja. ‚Wozu gibt's du dich auf?‘, fragte ich sie im Traum. Keine Antwort. Natürlich.

In unseren aufgestellten Wasserschüsseln (mit Kerze und Spülmittel, ein Hausmittel zum „Kleine-Tierchen-Fangen", im Internet gefunden) sind nur ertrunkene Mücken, keine Flöhe. Also doch Moskitos, wie Vangelis schon vermutet hatte? Es ist ein seltsames Gefühl, so absolut keine Ahnung zu haben.

Auf der homepage einer befreundeten Kollegin – Ralf sah sie sich gestern Abend auf der Hollywood-Schaukel im Dunkeln an – steht ein neues Gedicht, das mich sehr berührt; hier eine Zeile daraus, wie ich mich an sie erinnere, nur allein vom Hören: ‚Nur die Harten komm´ in Garten‘ (heißt es) ...*aber wenn es wirklich hart kommt, machen die Harten als erstes die Mücke / und wir anderen mit unserem bisschen Mut füll´n die entstandene Lücke... Ich bleibe bei Meinesgleichen, den Weichen...* Ihr neuer Gedichtband erscheint im August, und ich bin gespannt, ob sie ihn mit

Books on Demand verwirklicht hat. ‚*Wenn du mal nicht weiter weißt*' heißt das Buch. Ja, dachte ich, das ist für mich!! Aber dann dachte ich wieder: nee, doch nicht, denn ich weiß ja weiter! Ich wende mich an meine Höhere Macht, aus Erfahrung; und ich tue immer nur den nächstliegenden, zu tuenden Schritt. Ein Teil von mir freut sich ja sogar schon auf die nächste Fügung des Lebens, die ich so hätte nicht machen können. Ich weiß ja, es geht weiter, mit Mut, genau, Gisela. Im Traum grenze ich mich von jenen ab, die mich bloß runterziehen, die an meiner Energie saugen wollen wie diese Moskitos an meinem Blut und Ralfs. Ich darf sie nicht verurteilen oder überheblich belehren wollen – ja ja ja. Aber ich brauche es nicht mit mir geschehen zu lassen, in ihre Welt zurückzufallen, mich dorthin zurückziehen zu lassen. No, no, no! Ich bleibe hier, bei mir und setze Fuß vor Fuß.

Die Tochter und ihr Liebster verbringen Pfingsten an der Ostsee. Durch eine SMS erfuhren wir es, und ich freue mich. Diese beiden sorgen gut für sich. Da scheint eine Entwicklung „richtig" gelaufen zu sein, und dafür ausdrücklich Danke. Ganz große Klasse.

Mit vielen griechischen Großfamilien lagen wir gestern vergnügt an unserem Koraka Beach; es war kaum noch eine freie Liege zu bekommen. Das Wasser – ein Traum! Ganz glatt und klar und wellenfrei, ich traute mich zu schwimmen, zu tauchen, loszulassen. Herrlich! Ich lasse auch die Entscheiderin bei der VG Wort los (mein Gott! Was für eine tiefe Verletzung, dass sie mir eine schmale Unterstützung für meine Altersvorsorge sperrt, weil ich eine vor Jahrzehnten festgelegte Einkommensgrenze – nur eine willkürliche Zahl! – unterschreite!! Gisela, was meinst du? Diese

Verletzung hat doch das Zeug zu einer wahren Inspiration und späteren Anekdote …). Wenn alles von mir genommen wird, alle sozial eingebundenen „Stützräder", dann werde ich doch immer noch schreiben – unter welchen Umständen auch immer. Im Salzwasser zu liegen und total zu entspannen – keine Angst mehr um die Haare, alle Glieder locker – das ist Losgelöstsein. Und so fühle ich mich im Moment: Keine Pläne mehr, Kapitulation auf der ganzen Linie. Seltsam fröhlich dabei!

Ich will nur noch dienen; den Menschen Schönes bringen durch den mir mitgegebenen göttlichen Funken. Es muss etwas mit Humor zu tun haben – wenn ich mich auf den Bildern von Ralfs Videofilmchen so sehe. Der Sniez (Anmerkung der Autorin: Sniez ist das derzeit gängige Kosewort für den Gefährten) ist meine Liebe – und an unserer Verschiedenartigkeit können wir wachsen. Er will mehr Nähe (zu den Galanakis, zu den Kajak-Leuten nicht), ich will mehr Distanz. Man kann nicht erwarten, dass zwei erwachsene Menschen – wie innig auch immer – ständig einer Meinung, Ansicht, EINES Empfindens sind. Und doch scheint sich ein Teil von mir genau diese Harmonie zu wünschen; ich fühle mich jedes Mal bedröppelt, wenn es zwischen uns kriselt und wir das einfach nur aushalten müssen/können. Wir können es nicht stante pede lösen. Tja. Giselas Gedicht macht, dass ich geradezu begeistert bin über die tiefe Verletzung der Entscheiderin, die mir den finanziellen Zuschuss verweigert!! Das Mitgefühl eines zentrierten Wesens ist heilend, schreibt Osho in seinem Yoga-Buch Nummer Eins. Ja. Gisela, du kannst zaubern. Ich danke dir für deine Zeilen. Und bald habe ich bestimmt auch die homepage www.katrinrichter.berlin,

Insch´Allah. Da kann ich dann eigene Gedanken drauf stellen – Hurra!!!

Ob die andere weise Frau in meinem Leben manchmal ihre Yoga-Schule schließen will? Ralf sagt: Ja. Aber vielleicht braucht sie auch uns zum Üben, nicht nur umgekehrt, wir sie. Ohne Schüler kein Lehrer – und ganz allein nicht diese Energie. Aber dass diese eine langjährige Schülerin nun ging, das war sicherlich ein schwerer Schlag für die Lehrerin. Ich komme ja selber kaum darüber hinweg. Da sieht man es wieder: Jeder muss manchmal etwas einstecken, einen Rückschlag hinnehmen. Auch die Besten von uns. Keiner bleibt davon verschont.

Ralf fegt den Hof (die Terrasse vor „unserer" Villa Braou), und es ist genau wie in meiner früheren Visualisation von vor vielen, vielen Jahren. Ich hocke drinnen am Schreibtisch – und draußen bei weit offenem Fenster „gärtnert" mein Liebster. Wenn er hoch schaut von seinem Tun und mich ansieht, dann lächelt er mir zu. Gestern hatte er einen so weichen Moment am Strand; da fand er mich schön und konnte sich nicht vorstellen, dass ich wirklich bis zum Ende bei ihm bleibe. Wir werden am Ende sicher kein „ungelebtes Leben" bereuen müssen; ich denke, wir sterben eines fernen Tages gemeinsam und absolut „lebenssatt". Ein Glück, dass ich noch rechtzeitig gemerkt habe, dass ich mir keine Freude versagen soll, die ich mir ohne Weiteres leisten kann. Danke für diese Einsicht; ich hätte sonst so viel Schönes, mich bereicherndes ja nicht erlebt. So aber… Alles ist gut. Auf, auf!!

PS: Wir hatten Besuch! Gegen elf Uhr kamen Anna und ihre süße Tochter Maria (21) zu uns, alles war fein

– und nun kennen wir uns persönlich, nicht nur vom E-Mailen. Maria studiert internationale Politikwissenschaften und will später beim Europäischen Parlament (wo unser Töchterchen ja auch schon war!) in Brüssel arbeiten – oder nach Dänemark gehen. Ich sehe meine Tochter von der „anderen Seite" her, aus Sicht ihrer vielen internationalen Studienkumpels, und freue mich, dass alles so gut ist, keine bösen oder verqueren Gefühle. Danke. Mehr Details vielleicht morgen.

Dieses Haus hier war ganz früher ein Wohnhaus, dann wurde es im Zweiten Weltkrieg komplett zerstört. Später stand hier ein Geräteschuppen für den Landwirtschaft betreibenden Großvater. Eine tolle Oase, die sie daraus gemacht haben! Wir kommen bestimmt zurück, so Gott will.

PPS: Da wir hier keinen Drucker haben, hat Ralf mir Gisela Steineckerts Gedicht von ihrer homepage im Internet mit der Hand abgeschrieben, auf einen kleinen Zettel. So kann ich es hier in dieses Tagebuch einkleben. Danke, mein Schatz. Das Gedicht heißt – nein, es hat keinen Titel, keine Überschrift. Ich zitiere:

„Ich höre

nur die Harten komm´ in´n Garten

manche könnens kaum erwarten

bei Gewittern schön zu zittern

oder unter den Eichen erbleichen

den Harten fehlt die Erfahrung

nur Liebe und Ruhe bringt Bewahrung

Ich bleib bei meinesgleichen

bei den Weichen

die Harten machen als Erste die Mücke

und wir, mit unserem bisschen Mut

fülln die entstandene Lücke

wolln sehn, wie es uns auf Dauer tut

bisher ganz gut"

(aus dem Gedichtband „Wenn du mal nicht weiter weißt"
von Gisela Steineckert, August 2014)

Dienstag, 10. Juni 2014 in Rodakino auf Kreta

Ach, Mann…
Noch zwei volle Tage hier, dann
müssen wir packen und nach Hause fliegen.

Gestern: Chania. Also Chania und Rethymnon wett-
eifern um den Titel „schönste Stadt Kretas" (oder sogar
Griechenlands? – fragen muss…). Ich könnte mich
nicht entscheiden! Für mich sind beide auf ihre Art
schön – und die Bilder zweier venezianischer Häfen
und orientalisch anmutender alter Innenstädte voller
teilweise Marrakesch-artiger Gässchen beginnen bereits,
sich in meinem Geist zu überlagern. Was ist die Eine –
was gehört zu der Anderen? Ich muss mich konzentrieren, um mich daran zu erinnern. Chania ist größer,
marktschreierischer; die Touristen-Anlocker sind auf-
dringlicher (wie auf dem Djemaa el Fna). Aber das

79

Flanieren und Gucken und zum Glück nur EIN (!) indisches Tuch entdecken (keine weiteren Tuniken) ähneln sich total. Ich war in der einen Stadt so gern wie in der anderen, und vorsichtshalber habe ich auch schon mal das Olivenöl eingekauft, für die Tochter und für unsere lieben Nachbarn.

Schon wieder so ein guter Tag. Danke.

Nachdem gestern Mutter und Tochter Galanaki – Anna und Maria – hier waren, freute ich mich total über das günstig gefügte Ende. Wir hatten unsere verschiedenen Bedürfnisse ausgehalten (Distanz, Nähe, wir erinnern uns) – und zum Geschenk, zur Belohnung dafür kam die beiderseitig befriedigende Lösung zu uns: Ralf bekam sein Gespräch und das Kennenlernen der jungen Frau, mit der er schließlich immer virtuell kommuniziert hatte; ich konnte meinen Anstand (Freud lässt grüßen: ich meinte eigentlich Abstand!) wahren, wie er mir angenehm ist. Alles fand auf das Beste und Glücklichste zusammen, wie ich es nicht hätte planen können. Es ist immer wieder schön, ein weiteres, neues Beispiel dafür zu erleben, dass es tatsächlich so ist.

Derart voller Wonne, fuhren wir also los, mitten durch die weißen Berge, die Lefka Ori, wo sich eine einzelne, dicke Wolke abregnete. Und tatsächlich: Trotz all der schrecklichen Geschichten von Überfällen in Italienurlauben und so weiter nahmen wir einen Tramper(!!) mit. Wir taten es ohne Worte, ohne uns abzusprechen miteinander. Wie auch?! Er stand einfach so da, der Regen wollte gerade beginnen, und es war eine Entscheidung von Sekunden. Voll bewusst. Ein einzelner bärtiger junger Mann ohne Tasche, nur in Pullover und Hosen. Er winkte vom rechten Straßenrand in einem namenlosen Dorf. Ralf sagte später: „Wenn ich es nicht getan hätte, dann wäre ich in der Angst steckengeblieben und hätte nie wieder einen Tramper mitgenommen." Außerdem habe er an seine eigene Tramperzeit denken müssen — wie oft er schon irgendwo stand und auf die Freundlichkeit seiner Mitmenschen angewiesen war. Wie auch immer: Es ist gut ausgegangen. Sonst könnte ich ja jetzt nicht darüber erzählen. Nirgendwo haben seine Kumpels gelauert und uns ausgeraubt. Wir setzten ihn einfach in Chania an der großen Markthalle ab, wo er hin wollte, und trafen ihn später am Hafen noch einmal wieder. Wie wir strich er offenbar einfach so umher. Anders als wir ohne Rucksack, ohne Zubehör. „Er wollte vielleicht bloß mal raus aus seinem Dorf, etwas anderes sehen", mutmaßte Ralf. „Oder raus aus seiner Anstalt", fügte der morbide Teil meiner Phantasie hinzu. Immerhin: Er bekam nicht einen Tropfen Regen ab! In derselben Sekunde, als der Wolkenbruch einsetzte, saß er trocken in „unserem" Auto. Also muss auch er unter göttlichem Schutz gestanden haben — und wir waren die „Engel", die ihm im rechten Augenblick „geschickt" wurden... Er freute sich so sehr. Als wir in Chania einfuhren, jubelte er! Der nächste Bus wäre erst um neunzehn Uhr gefahren, der einzige an diesem Tag. Und nun sei es erst fünfzehn Uhr und er schon in der Stadt. Für seine wuchtige Figur hatte er eine erstaunlich zarte, weiche Stimme. Von ihm lernte ich das griechische Wort für „Ziege" (die auf den großen, breiten Nationalstraßen einfach so liegen und herumlaufen, man muss unglaublich aufpassen beim Fahren). Es ist: Katzika. Mit der Betonung auf dem „i". Was für ein schönes Wort! Was „Schaf" heißt, sagte er uns auch, ich habe es leider schon wieder vergessen. Aber das Blöken konnte er täuschend ähnlich nachmachen. Mit seiner angenehmen Moderatorenstimme. Und ich dachte: Würde er mit derselben sanften Stimme/Modulation auch „Hands up!" sagen – während er das Klicken eines Revolverabzugs ertönen lässt?

Zu viele Krimis, zu viele Horrorfilme, zu viele schlechte Nachrichten!

In der Imbros-Schlucht „sah" Ralf einen Touristenbus abstürzen und „wusste" genau, wo und auf welche Weise genau dieser dann schräg über uns im Canyon steckenbleibt. Ich dachte an den Film „Blair Witch Project", den ich mit dem Sohn damals im Kino sah. Auf halber Strecke der Schlucht, die früher übrigens ein Maultierpfad und der einzige(!) Zugang zur kretischen Südküste in der Gegend war, gibt es eine Art Unterstand mit Fellen und Decken zum Sitzen und Passbildern an den Holzwänden aus groben Brettern, die von jenen verschollenen Studenten aus dem Gruselfilm stammen könnten. Letzte Erinnerungen – bevor DAS NAMENLOSE, die Blair Hexe, die Imbros-Geister, sie holen und dahinmetzelnd kamen.

Vor langer Zeit haben wir unsere Unschuld verloren, und nun ist es an uns, sie wiederzugewinnen oder eben nicht. Ich verstehe die Philosophie des ständigen Sich-Reinigens von Einflüssen und Energien, wie wir sie im Yoga praktizieren. Gerade jetzt, in der vermutlichen Mitte des Lebens, ist das so wichtig, um nicht irgendwo drin steckenzubleiben. In mir sind so viele Bilder aufgestapelt; ich werde verrückt, wenn ich sie nicht auf irgendeine Weise verarbeite und dann hinter mir lasse. Das alte Tonband neu bespielen. Ein Dauerbrenner.

„Es ist wie im Osten, so friedlich", sagte Ralf leise zu mir auf der Fahrt zu dritt nach Chania.

„Einer hebt den Daumen, und wir nehmen ihn mit."
Kein Arg. Jedenfalls äußerlich nicht.

Auf dem Opfer-, Hinrichtungs-, (Hexen-)Tanzplatz oberhalb der Stadt begegneten wir einem Pärchen – süße, aufgeschlossene Ossis, beide dreißig. Er aus Nordhausen, sie aus Brandenburg – jetzt in Halle. Ihre Tante hat schon 1996 ein Haus auf Kreta gekauft; darin dürfen sie nun auf Urlaubszeit wohnen. Dass es Leute gibt, Landsleute von mir, die sich schon 1996 so ein Haus leisten konnten! Mir und Ralf absolut schleierhaft, wie so etwas geht. DDR-Bürger wie wir!!

Das Pärchen war jedenfalls sympathisch (der Muezzin ruft wie zustimmend aus seinem Lautsprecher), und wir tauschten viele Tipps miteinander aus, bevor wieder jeder seiner Wege ging. Bis die Füße schmerzten, durchstreiften wir Old Town, die Mole, Plätze und idyllische Gassen von Chania, dieser Perle mit umkämpfter Vergangenheit. Eine katholische Kirche, an die einfach ein Minarett angebaut wurde – das später wieder als Glockenturm für ein griechisch-orthodoxes Gotteshaus verwendet wurde, spricht für sich. Die Menschen bestanden auf ihre Religionen wie Kinder im Sandkasten auf ihre Spielförmchen. „Das ist MEINS – und es ist besser als DEINS." Setzt sich endlich die Wahrheit durch – dass der Mensch keinen Vermittler braucht für Gott – oder kommt mir das nur so vor, weil es bei mir so (angekommen) ist; durch Einsicht, eigene, selbst gemachte Erfahrung… ???

Auch gestern im Auto habe ich „flatline" gebetet, um diesen Tramper im Bereich des Friedlichen zu „halten". Gott, wie ich IHN für mich verstehe, das lernte ich in AA. Und wie es aussieht, hat es sich bis heute für mich immer wieder bewährt. Danke.

Zwei Kugeln Eis waren fast genauso teuer wie zwei mal Olivenöl. Erdbeere und Joghurt, für insgesamt fast sieben Euro. Ein teurer Spaß! Aber wir unterstützen ja die griechische Wirtschaft – so what!

Mädchen in Chania, junge Frauen vor einem Schmuckgeschäft, riefen mir lachend zu: „What a woderful skirt!" (Was für ein wunderschöner Rock!) „Very pretty." (Sehr schön.) Es war mein einzigartiger, unvergleichlicher Ascona-Seiden-Rock, den mir Ralf 2008 im Juni (vor fast genau sechs Jahren) geschenkt hat, als ich in Moscia residierte und er so wahnsinnig viel flog, von Fußballstadion zu Fußballstadion während der Europameisterschaft. Diesem Rock habe ich in meinem Buch „Mutspringerin. Reisebilder" ein ganzes, eigenes Kapitel gewidmet! Damals, mit dem Lago Maggiore, fing für mich alles Verreisen an, all diese unglaublichen Abenteuer und Sprünge über meinen eigenen Angst-Schatten.

Ist das wirklich erst sechs Jahre her? Was seitdem alles geschah – unfassbar! Dubai, Marrakesch, Mallorca, Luxembourg… - die Deutschsprachigen Ländertreffen in Aachen, in Erfurt, in Wels, Hannover, Karlsruhe, Oldenburg, Regensburg. Und neun neue Bücher seitdem, wenn ich richtig zähle. Ich bin offenbar dabei, den Überblick über mein eigenes Werk zu verlieren.

Wird wirklich Zeit für meine website

www.katrinrichter.berlin,

auf der ich selber nachgucken kann…

Der Abschiedsblues hat ein-
gesetzt! Wir saugen noch einmal so
viel wie möglich „Insel" in uns auf…
Was für eine intensive, herrliche Zeit geht hier zu
Ende. Mich macht ja nur so traurig, dass alles vergäng-
lich ist und ich bis jetzt nicht herausbekommen habe,
wie ich mit meinem Liebsten auch DANACH noch zusammen sein kann (ich meine, nach dem allerletzten
Übergang). Gestern, auf der Fahrt zu den beiden Auto-
Serpentinen des Tages (gelaufen sind wir auch eine!!)
„sah" Ralf den Heinzi, der seit cirka zwei Jahren tot ist.
„Wenn ich den Heinzi sehe, heißt das dann, dass ich
schon auf der anderen Seite bin?", fragte er mich. Seine
Theorie ist ja die von der Matrix, wonach wir alle auf
verschiedenen Ebenen parallel existieren und es keinen
wirklichen Tod gibt. Das habe ich so oder so ähnlich
auch schon bei Osho und anderen weisen Leuten gelesen: Die Frage ist nicht, gibt es ein Leben nach dem
Tod, sondern, wie viele Leben leben wir alle parallel?
Für mich ist das kaum fassbar. Ich will nur bitte immer
mit meinem Ralf zusammen sein, jetzt und bis in alle
Ewigkeit, wenn das möglich ist, lieber Gott. Vorsichtshalber schon mal danke für die Wunscherfüllung, die so
sehnsüchtig erhoffte.
So lange Zeit mit einem Menschen vierundzwanzig
Stunden am Tag zusammen sein zu wollen und zu können; ich weiß: Das ist schon etwas Besonderes! Gestern
erfüllte sich Ralf den Wunsch, die schmale, teilweise
unbefestigte Straße hinunter nach Finix (Rise like a
Phoenix, fällt mir dazu ein; der Gewinnersong des dies-

jährigen Eurovision Song Contest von und mit Conchita Wurst). Die totale Angsttherapie für Katrin! Immerzu nur kurbeln und kurbeln am Lenkrad; Kurven über Kurven – und ein Abgrund! So nah. Oh je. Ich spannte alles an, hielt mich fest, bremste mit – und so kamen wir unversehrt da durch und auch wieder hoch. An Ralfs Seite warten auch immer wieder Mutproben auf mich. Auf dem alten Maultierpfad absteigen in die Schlucht, die zur Marmara-Bucht führt. Sie ist wilder als die Imbros-Schlucht, und ich wusste wieder: Ich bin ein Ausdauerläufer, kein Kletterer! Warum denke ich eigentlich andauernd an diesen einen Menschen, dessen Zudringlichkeiten ich ein bisschen fürchte, und den ich eigentlich nicht wiedersehen will... Nur, weil er auch so ein Kreta-Kenner ist und auf dieser Fährte zu mir „hinreiten" will?

Also diese Schlucht.

Wir gingen, stolperten, durchstiegen sie und ihre aufgetürmten hohen Steine, Brocken; so lange, bis ich nicht mehr weiter wollte. Teils geländerlose Pfade, steil am Fels, die hebe ich mir für das nächste Mal auf. Wenn es um das Leben meiner Kinder ginge, sagte ich, dann würde ich da – ohne auch nur den Bruchteil einer einzigen Sekunde zu zögern – in Windeseile entlang gehen. Aber so, ohne Not? Wem würde ich da schon etwas beweisen wollen!?

Ich sagte also nein, Schluss, aus, Ende Gelände – und dann tauchte das alte Gefühl in mir auf: Egal, was ich auch tue, wie sehr ich mich auch anstrenge (neun Bücher in sechs Jahren!), es ist einfach nie „genug". Das scheint ein zentraler Punkt in mir zu sein, den ich – wie ich ja lerne – durch Bewusstheit auflösen kann. Natürlich „genüge" ich – so, wie ich bin und in allem, was ich freudig tue. Die Lesung im Café werde ich bewusst dazu nutzen, an meiner neuen Haltung zu üben, die ich am besten umschreiben kann mit: Nichts erwarten. Einfach nur wach und anwesend sein in meiner Arbeit. Das schaffe ich. Das bekomme ich hin. Na klar doch!!

Ein Picknick am Fuße der Schlucht auf den Steinen. Ralf sagte, so hätte er sich das nicht vorgestellt, dass Wandern auf Kreta nach unten führt anstatt nach oben, hinauf auf die Berggipfel. (Im Lande des Homer müssen sie Schriftsteller achten, sagte er auch. Es ist aber zugleich das Land von Mord und Totschlag in seiner Geschichte und von Vendetta, Blutrache in kleinen Bergdörfern. Anapouli ist auf diese Weise praktisch entvölkert worden, heißt es. Darum also die vielen Ruinen bröckelnder alter Häuser im Ort! Es soll mit einem kleinen Jungen angefangen haben, der sich einen Streich über Nachbars Zaun geleistet hat. Die Strafe und Gegenstrafe, all die Vergeltung für die Vergeltung soll Sippen ausgelöscht haben. Und ist nicht die Haut unserer Zivilisation verdammt dünn über solchem Gebaren?)

Auf der Rückfahrt machten wir in Chora Sfakion Halt, tranken süffigen, sonnenfarbenen Orangensaft am Hafen und sahen wieder zu — so wie vor knapp zwei Wochen schon einmal — wie die große Fähre geschätzte tausend Leute ausspie, die in Loutro waren oder die die Samaria-Schlucht durchquert hatten und leise leidend vor sich hin humpelten. Oder die eben einfach mal Schiff gefahren waren, wer weiß. Für unser nächstes Mal bleibt vieles zu erkunden, für das wir jetzt zunächst ein Gefühl bekommen haben. Nun kennen wir uns halbwegs aus. Beim Heiligen Antonius oberhalb des

Ferienortes am Berg holten wir uns unseren Reisesegen und fuhren dann weiter nach Frangokastello. Direkt am alten Gemäuer – dem Kastell der Franken – finden sich die wundervollsten Sandstrände. Es geht flach ins Wasser wie am ungarischen Balaton; und wir plantschten wie die Kinder, während der Mond schon dreiviertelvoll am Himmel über uns leuchtete. Als wir auf Kreta eintrafen, hatten wir Neumond.

Ein Abendspaziergang an der menschenleeren Strandpromenade – und dann ein von meiner Seite her eher skeptisches Einkehren in eine Taverne , die Taverna Orthi Ammos, mit Blick aufs Meer (Visitenkarte liegt bei). Es war wie so oft im Leben: Wenn du nichts erhoffst, stellen sich die Überraschungen und Wunder ein. Was für ein göttlicher Schmaus! Fangfrischer Fisch, rauchig gegrillt – und einfach alles total köstlich. So kann es gehen. Dieses Abendprogramm würde ich gern wiederholen wollen: Baden am Kastello, danach essen bei „George", dem vielleicht dreizehnjährigen Sohn dieser gastlichen Familie, der sich sehr darum bemüht, alle Gäste auf Englisch zu unterhalten. Ich glaube, ich schicke ihm ein Buch von mir. Er zeigte sich so interessiert an unser beider Berufen – wobei er Ralfs, glaube ich, schon etwas cooler fand als meinen. Ein Techniker beim Radio, der echt die Regler schiebt und wie ein DJ abmischen kann, das hat schon was. Ob ich wenigstens „famous" sei in Deutschland, fragte er mich. Berühmt. „Ja", lachte ich. „Na klar!" Und glaubte es in diesem Moment selbst. Es ist ja sowieso alles nur eine Definitionsfrage. So what!

Heute werden wir wohl noch Sonne tanken an unserem Strand. Morgen ist dann das Packen dran und die Abfahrt nach Heraklion. Irgendwo am Strand schlafen oder auf einer Parkbank, das kommt für Ralf nicht in Frage. „Das wäre kein würdiger Abschluss dieses Urlaubs", sagt er sehr bestimmt. Wir haben uns ein vorsichtiges Limit von vierzig Euro gesetzt; mal sehen, ob wir dafür ein Pensionszimmerchen für eine Nacht vor dem zeitigen Abflug nach Hause finden. Aber das ist ja noch gar nicht dran!

Ich weine in einem verborgenen Teil von Katrin – was übrigens ein griechischer Name ist! Einer der Restaurant-Anlocker in Chania rief es mir zu, und – ja! – ich hatte es auch schon gewusst. Auf Namensbechern zum Kaffeetrinken ist es manchmal vermerkt. „Katrin bedeutet griechisch: Die Reine." Na, okay.

Alles muss vorübergehen – aber warum denn bloß?

Nicht ganz will ich mich damit abfinden; da ist eine kleine, sinnlose Rebellion in mir. Tja.

Tja, tja, tja.

Und die getürmte Yoga-Freundin werde ich nicht wiedersehen. Und Peter ist immer noch in Australien. So viele Dinge, Menschen, Handlungen, Entscheidungen, denen gegenüber ich machtlos bin. Kleine Dinge kann ich aber dennoch tun, und darin über ich mich auch. Danke für die Einsicht und meine Bereitschaft zu ihrer Umsetzung.

Donnerstag, 12. Juni 2014 in Rodakino auf Kreta

Ein großer Sturm tobt zum Abschied um uns her. Heute Nacht haben die Geister und die Windbräute zweimal geräuschvoll unseren Fensterladen aufgerissen.

So war alles etwas unruhig; ich schlief etappenweise, auch wegen des noch bevorstehenden Packens und den Abenteuern in Heraklion (?), die dort auf uns warten vor unserem Abflug nach Berlin in vierundzwanzig Stunden, Insch´Allah. Ich rechne immer mit Chaos. Die Gefühle lassen sich längst nicht mehr verarbeiten; alles geht durcheinander in mir. Da sind Wehmut, Aufregung, Bangigkeit und Sehnen nach meiner Wahlheimat, meiner Schreib- und Lebenswerkstatt. Um nur das Wesentliche zu nennen; das, was mir überhaupt bewusst ist. Im letzten Traum im Tropenhimmelbett war ich Patientin bei einem unfähigen Arzt und habe mich dramatisch von ihm getrennt. „Ich fühle mich genug besucht von Ihnen!" Dabei war ich es ja, die ihn besucht hat!! Na ja. Nicht jeder Traum hat sicherlich eine tiefe Bedeutung. Ich bin müde und stehe trotzdem auf. Es ist noch so viel zu tun. Gut, dass so ein Sturm herrscht, so fällt der Abschied leichter.

Gestern war noch mal ein Strandtag, wir redeten mit den Kajak-Leuten. Wie sich heraus stellte, kommen sie aus Niedersachsen, zwischen Osnabrück und Bremen. Am Ende luden sie uns auf einen Ouzo ein, denn sie waren gerade zum ersten Mal Großeltern geworden. Ich stellte wieder einmal fest, der EINE Satz kommt gut: „Wir haben unser Lebensfässchen schon ausgetrunken." (In AA gelernt.) – „Aha, kein Thema." Humorvoll ausgedrückt. Verständnisvolle Reaktion. In mir war eine winzig kleine Peinlichkeit – total irrational, ich weiß. Dass die immer noch da ist und sich nach all den Jahren meldet! Aber so ein Moment geht vorüber. Ralf ist vollkommen damit einverstanden, solcherart „vereinnahmt" zu werden; er will tatsächlich auch keinen Alkohol zu sich nehmen. Mir gefällt die Vorstellung, dass für jeden von uns so ein Fass zur Verfügung gestellt wird bei Geburt; und manche trinken es eben etwas hastiger aus als andere. Ich glaube, vom Polizei-Peter habe ich das zum ersten Mal so gehört. Ach, die Peters in meinem Leben!

Also keine Verbrüderung mit der Strandbekanntschaft. Vielleicht sehen wir uns ja 2015 wieder – ich kann mich nur wiederholen: Insch´Allah.

Aus Berlin streckt sich uns bereits eine Willkommenshand entgegen; ein Freund grüßt uns via E-Mail. Er will wissen, ob wir schon wieder da sind, sendet Fotos von der Hochzeit seiner Tochter und wünscht gute vierundzwanzig Stunden. Vielleicht schaffe ich es ja tatsächlich morgen Abend schon in mein übliches Meeting – Insch´... – na, Sie wissen schon.

Stavros Galanaki schenkte uns gestern noch frisch geerntete Kartoffeln, Tomaten und Mandarinen. So gab es zum Abendessen Pellkartoffeln mit Tsatsiki. Dann machte er (Stavros) uns über Marias E-Mail-account aus Athen darauf aufmerksam, dass unser Mietauto „losing petrol", also Benzin verlöre; und wenn jemand achtlos eine Zigarette wegwürfe, dann könnte es ein Unglück geben. Ralf streute erst mal Sand über die entstandene Pfütze auf dem Straßenpflaster von Rodakino und fuhr den Hyundai ein Stück weg von den Gehöften.

Ich kann wirklich nicht oft genug den Ruf zum Höchsten der Marrakchi zitieren, denn ich hoffe natürlich inständig, dass wir alles heil nach Heraklion bringen heute Nachmittag und das Auto der Mietwagenfirma in akzeptablem Zustand zurückgeben können. Ich brauche also wieder die Hilfe des Göttlichen und tue Meins dazu, ganz klar. Es ist ganz normal und soll einfach zugelassen werden, dass man den

Abschiedsblues hat, sagte die steinschmuckherstellende Kajak-Frau aus Niedersachsen, die mich ein wenig an meine Freundin Christine erinnert in ihrer Art zu sprechen und in ihrer freundlichen Offenheit. Wenn man so einen besonderen Platz erst einmal gefunden hat, sagt sie, ist die Trauer nicht verwunderlich, wenn man wieder fort von da muss. Auch diese beiden erfahrenen Kreta-Besucher glauben beobachtet zu haben, dass es ein spezieller Menschentyp ist, der hier andockt und sich in dieser — manchmal rauen, wilden — Stille wohlfühlt. Leute wie wir, die Kinder erwachsen. Leute, die nicht bespaßt werden wollen. Aber die eben auch keinen Ouzo und Raki schlürfen — tja! Ich bin gespannt, ob wir wiederkommen, und wie sich bis dahin alles gestaltet in meinem, in unserem Leben. Ich darf dem Leben nicht meine Vorstellungen aufzuzwingen versuchen — das war für mich gestern der Gedanke des Tages. Er bleibt es auch. Ich bin bereit.

11:00Uhr Ortzeit in Rodakino (mein Koffer ist gepackt!!):

Es ist doch klar, warum man traurig ist, wenn eine Reise zu Ende geht: Man wird daran erinnert, dass das ganze Leben eine Reise ist, die irgendwann zu Ende gehen muss; es lässt sich ja nicht ändern.

Morgen bekommen wir wieder eine Stunde „geschenkt". In Griechenland sind sie unserer mitteleuropäischen Sommerzeit noch um eine Stunde voraus...

Merke: Leitungswasser ist hier feinstes Quellwasser aus den Bergen! Man kann es bedenkenlos trinken (zum Beispiel statt Ouzo, haha). Ein letztes Ferienwort von Ralf: „Das war eine wunderbare Zeit, und ich bin auch deshalb nicht traurig, weil ich mir ziemlich sicher

bin, dass wir wieder hierher zurück kommen werden."
Okay. Danke für die klare Aussage.

Freitag, 13. Juni 2014 in Berlin

Gegen elf Uhr Ortszeit waren wir wieder hier, wie gesagt, eine Stunde früher als in Griechenland. Ich bin jetzt so voll von allem, dem Abschied von Anna und Großmutter Maria vor vierundzwanzig Stunden, der Fahrt nach Heraklion... – Hotelsuche, Mietwagenrückgabe, ausführlicher Abschiedsspaziergang am Flughafen, am Hafen, in einer Art Bronx dieser Stadt und am Meer, am Meer, am Meer! Ach.

Die kurze Nacht, der reibungslose Flug (mein wievielter inzwischen eigentlich? Irgendwann habe ich aufgehört zu zählen); eine Taxi-Fahrt mit einem Berliner Iraner, der auch vor kurzem erst auf Kreta war und viel davon erzählte... Heimkommen muss. Ankommen muss. Gefühlsstau und Migräne. Mein „Lieblings"-Symptom.

Morgen mehr. Nur soviel: Es ist purer Aberglaube, dass Freitag der Dreizehnte (wir saßen zudem in Reihe dreizehn im Flugzeug!!) Unglück bringen soll. Wir sind ja heil gelandet. Danke.

PS: Mein Tagebuch schmücken vorn noch ein paar Kratzer vom Schreibsekretär in der Villa Braou.

PPS: Auf dem Küchentisch lag ein Zettel vom Töchterchen: „Ihr Lieben, herzlich Willkommen zu Hause! Eure Wohnung hat euch vermisst, sie hat es mir geflüstert. Ganz liebe Grüße von Eurem Blumendienst."

Dank ihr leben unsere Pflanzen noch.

Und den Balkon hat sie extra frisch bepflanzt, die Gute!!

Sonnabend, 14. Juni 2014 in Berlin

 Ich bin ja so im Eimer! Seit heute Morgen speie ich mir die Seele aus dem Leib und weiß vor lauter Druck im Schädel nicht, wohin ...

Am Ende lag ich auf meiner Yoga-Matte bei offenen Fenstern auf dem Fußboden und genoss einfach die frische und kühle Berliner Luft. Ich denke, es war einfach alles zuviel. Das frühe Aufstehen in Heraklion, der Flug als „Angsttherapie" (selbst verordnet, klar! Atmen, atmen, atmen...), danach vor dem Meeting noch mit Ralf im Neuköllner Krankenhaus, wo sie seinen Ausschlag als harmlose „Stiche" diagnostizierten. Wir hatten es lieber abklären lassen wollen; nicht, dass wir noch eine ansteckende Krankheit mit in unser Land tragen.

Ich kann nicht mehr weiter schreiben; mir ist so schlecht ...

(abends 22:30Uhr):

Viel besser nach der Sauna – Danke!!!

Ich bin – nicht zum ersten Mal – ein Stück gestorben und wiederauferstanden. So war das mit mir und dieser großen „Reinigung".

94

Sonntag, 15. Juni 2014 in Berlin

Sobald ich wieder konnte, habe ich einen Brief an Maria geschrieben, zum Weitergeben an die ganze Familie Galanaki. Vor der Abreise saßen wir noch in ihrem Gärtchen, ich durfte den Kaffee selber kochen, die Großmutter bat mich in ihre Küche hinein.  Ich bekam die ganzen restlichen Spekulatius-Kekse serviert und schließlich für die Reise eingepackt; weil sie mir so offensichtlich mundeten. Anna war extra in die Stadt gefahren, um noch einmal Olivenöl und hautfreundliche Olivenseife zu besorgen, die sie uns als Gastgeschenke mitgab. Ach, diese Herzlichkeit! Und nach allem, was diese Leute auch schon mit Deutschen erleben mussten.

Ich schrieb meinen Brief auf Englisch, übersetze ihn hier aber lesbar ins Heimatsprachliche:

„Liebe Maria,
jetzt sind wir also zurück in unserer Heimatstadt und kamen glücklich, voller guter Vibrationen und Erinnerungen an eine wunderschöne Zeit in Rodakino wieder hier an. Bitte, sag Deinen Eltern und Deiner Großmutter, Deinem Bruder, dass wir berührt sind von der Liebenswürdigkeit und Freundlichkeit Eurer ganzen Familie. Und natürlich von all den Mahlzeiten, Früchten, dem frischen Gemüse und den Geschenken. Vielen, vielen Dank dafür.
Ich bin besonders beeindruckt von der Biografie von Maria, Deiner Großmutter. Ich denke, sie muss schreckliche Dinge gesehen haben während des Zweiten Weltkriegs, als Soldaten ihr Haus zerstörten, ihre

Umgebung in Angst versetzten, ihre Freunde, Verwandte töteten und so weiter. Heute ist sie für mich ein Beispiel dafür, wie ein Mensch solche fürchterlichen Erfahrungen überwinden kann, ohne bitter oder voller Hass zu werden, sondern – im Gegenteil – weich, zuvorkommend und warmherzig, auch uns Deutschen gegenüber. Wie kann man eine solche Vergebung in seinem Geist erreichen – nach allem, was geschehen ist!? Nach allem, was sie vermutlich hat durchmachen müssen. Ich empfinde tiefen Respekt und eine innere Verbindung; und ich hoffe, ich kann eines Tages auch da hinkommen und so herzensfreundlich sein zu anderen, wenn ich meinerseits eine alte, weise Frau sein werde.

Es tut so gut, Eure Familie zu kennen.

Ralf sieht sich gerade die Kreta-Fotos in unserem Computer an, und er kann sich kaum davon lösen. Sie bringen so viele schöne Erinnerungen zurück und zeigen klar und deutlich, was für glückliche Leute wir waren auf Eurer herrlichen Insel. Ich wünsche mir, dass wir zurückkehren können. Wenn eine Höhere Kraft es möchte, wird es geschehen. In Marrakesch sagen sie „Insch`Allah", so Gott will. In diesem Sinne: Alles erdenklich Gute für Euch.

Katrin aus ihrer Schreibwerkstatt."

Hinweise zum Vertrieb:

Sie können alle (gedruckten) Bücher in Ihrer Buchhandlung oder im Internet bestellen (z.B. www.libri.de oder www.amazon.de), gern auch – und auf Wunsch signiert – in der Buchhandlung unseres Vertrauens, dem »Büchereck Baume«:

»Büchereck«,
Baumschulenstraße 11 / Eingang Behringstraße
D-12437 Berlin
Telefon: +49 (0) 30 53216132
Internet: http://www.buechereck-baume.de

Die meisten Titel sind bei den verschiedenen Anbietern in digitaler Version (als e-Book) zu erwerben, bitte fragen Sie im Zweifel bei Ihrem bevorzugten Anbieter nach.

Als JournalistIn können Sie alle bei »Books on Demand« verlegten Titel kostenfrei als Rezensionsexemplar bestellen.
(http://www.bod.de)
Für Rezensionsexemplare von Titeln, die bei »Schwarzkopf & Schwarzkopf, Berlin« verlegt wurden, wenden Sie sich bitte an die dortige Presseabteilung.
(http://www.schwarzkopf-verlag.de)

Alle weiterführenden Informationen finden Sie auch unter
http://www.katrinrichter.berlin.